Schriftenreihe zur Praxis
der Leibeserziehung und des Sports

Band 192

Schriftenreihe zur Praxis
der Leibeserziehung und des Sports
Band 192

Ursula Guse / Inge Otto

JAZZ DANCE

Hinführungen zum Jazz Dance
in der Lehrerfortbildung und Schule
nach Entwürfen und Erprobungen
von Ela Klindt

Verlag Hofmann
Schorndorf

CIP-Kurztitelaufnahme der Deutschen Bibliothek

Guse, Ursula

Jazz dance: Hinführungen zum Jazz dance in d. Lehrerfortbildung u. Schule nach Entwürfen u. Erprobungen von Ela Klindt; Ursula Guse; Inge Otto. [Zeichn.: Marianne Wilhelm-Schwartz. Foto: Ernst u. Margrit Baumann].
— Schorndorf: Hofmann, 1987.
(Schriftenreihe zur Praxis der Leibeserziehung und des Sports; Bd. 192)
ISBN 3-7780-9921-3

NE: Otto, Inge: GT

Bestellnummer 992

Zeichnungen: Marianne Wilhelm-Schwartz
Foto: Ernst und Margrit Baumann, CH-3032 Hinterkappeln

Erschienen als Band 192
der „Schriftenreihe zur Praxis der Leibeserziehung und des Sports“
Redaktion: Karl Koch unter Mitarbeit von Margot Rutkowski

Gesamtherstellung in der Hausdruckerei des Verlags
Printed in Germany · ISBN 3-7780-9921-3

Inhalt

Ela Klindt — 80 Jahre

„Vielleicht liebe ich den Tanz
so über alle Maßen,
weil ich das Leben liebe."
MARY WIGMAN

Ela Klindt, 1907 in Hamburg geboren, hat sich als Tanzpädagogin weit über Hamburg und die Bundesrepublik hinaus einen Namen erworben.

Sie war Schülerin im Geestländer Seminar für Gymnastik und Volkstanz von Anna Helms und Julius Blasche. Bereits mit 18 Jahren, noch während ihrer Ausbildungszeit, wurde sie von Anna Helms als Lehrgangsleiterin außerhalb Hamburgs eingesetzt. Eine weitere Ausbildung finanzierte sie dann aus eigenem Verdienst an der bekannten Hellerau-Laxenburg-Schule für Gymnastik, Tanz und Rhythmik bei Wien. Jahrzehntelang verband sie eine Freundschaft mit den großen Tänzerinnen Mary Wigman und Dore Hoyer.

In Hamburg wirkte sie lange Jahre als Assistentin am Institut für Leibesübungen der Universität und leitete nach dem Zweiten Weltkrieg fünf Jahre lang eine eigene staatlich anerkannte Berufsfachschule zur Ausbildung von Gymnastik- und Tanzlehrerinnen. 1956 wurde sie als hauptamtliche Dozentin für Gymnastik und Tanz an das Institut für Lehrerfortbildung berufen, wo sie bereits seit 1937 nebenamtlich tätig gewesen war. Auch nach der Pensionierung, bis in ihr 80. Lebensjahr hinein, war sie, viel gefragt, in zahlreichen Lehrgängen im In- und Ausland tätig.

Ela Klindt besaß die ganz seltene Gabe, Kinder, Jugendliche und Erwachsene, und zwar sowohl Anfänger als auch Fortgeschrittene und Experten gleichermaßen zu freudigem Tanzen zu bewegen. Ihrem mitreißenden Schwung konnten sich selbst „eingefleischte Nichttänzer" und Skeptiker nicht entziehen. Ihr Tanz war immer unmittelbare Ausdrucksgestaltung, Musik in der Bewegung, voller Kraft und Dynamik, einfach und zugleich originell, voller Leben und Sensibilität. Dabei blieb Ela Klindt in ihrer eigenen tänzerischen Entwicklung nie stehen und griff Anregungen aus aller Welt auf. Noch im fortgeschrittenen Alter machte sie sich mit modernen Formen des Tanzens und der Gymnastik nach Beat- und Jazzmusik vertraut, blieb mit dem Tanz jung, gab der Gymnastik neue Impulse und war bis zuletzt über die Grenzen Hamburgs und der Bundesrepublik hinaus in der Tanzerziehung richtungsweisend.

Jede Tanzstunde mit Ela Klindt war für alle Beteiligten ein Ereignis: Sie spürte mit untrüglichem Instinkt, was ihre Schüler wollten, und gewann deren Herzen durch ihr vielseitiges Können, ihre spontanen Einfälle und ihre humorvolle Schlagfertigkeit, die immer von tiefer Zuneigung zu ihren Schülern getragen war.

Höhepunkte ihres Wirkens in der Hamburger Lehreraus- und -fortbildung waren das regelmäßige Abschlußtanzen von Hunderten von Volks- und Realschulabgängern im Curio-Haus, Vorführungen des Experimentierkreises im Auditorium Maximum und die großen Feste im Volksparkstadion, wo zuletzt 1965 in Anwesenheit des Bürgermeisters und des Bundespräsidenten über tausend Schüler nach ihrer Choreographie auf dem Rasen tanzten.

Ela Klindt hat jetzt, in ihrem 80. Lebensjahr, ihre Unterrichtstätigkeit wegen eines Augenleidens aufgeben müssen. Sie bleibt in Hamburg unvergessen. Vielen ihrer Schüler hat sie den Weg zu sich selbst eröffnet und sie dann voller Freude in ihre Selbständigkeit begleitet. In ihnen, die sie zuweilen „meine Kinder" nennt, lebt ihre Arbeit fort. Sie sind darum bemüht, die in ihnen erweckte Freude am Tanzen weiterzugeben. Einen Beitrag dazu soll auch dieses Buch leisten, mit dem Ela Klindts Manuskripte der letzten Schaffensjahre für den Jazz Dance veröffentlicht werden.

Die Behörde für Schule und Berufsbildung der Freien und Hansestadt Hamburg dankt Ela Klindt für ihre jahrzehntelange engagierte und überaus erfolgreiche tanzpädagogische Arbeit.

Hamburg, im April 1987

WOLFGANG NECKEL
Landesschulrat

Dank aus Österreich

Frau Dozent Ela Klindt hat der gymnastisch-tänzerischen Bewegungsgestaltung an den österreichischen Schulen durch ein Vierteljahrhundert eine unverkennbare Richtung gegeben.

Zu einem Zeitpunkt, als die traditionelle Gymnastik sich entweder zu sehr in begrenzten Schulformen festlegte oder zu stark in wettkampfbetonte Bahnen einschwenkte, begann die Ausstrahlung der Persönlichkeit und des Werkes Ela Klindts. Mit ihr kam die große „Dame des Rhythmus" aus dem „kühlen Norden" zu uns in den „gemütlichen Süden" und beschenkte die in die Tausende gehende Zahl an jungen und alten Teilnehmern an ihren Kursen durch ihre begeisternde Arbeit. Ja Arbeit, mühevolle Arbeit, die sie sich vor allem selbst abverlangte! Und die gemütlichen Menschen aus Österreich folgten ihrem großen Vorbild aus dem Norden mit Hingabe . . .

1958 begann Frau Klindt in Österreich bei Prof. Recla in Graz im Internationalen Lehrgang für Sportunterricht und leitete dort und an vielen anderen Orten bis in die frühen 80er Jahre eine Unzahl von Praxis-Seminaren und Fortbildungsveranstaltungen. Wenn eine ihrer engsten Mitarbeiterinnen in Österreich, die leider so früh verstorbene Jutta Zdarsky, den Salzburger Gymnastik-Kongreß von 1970 als bahnbrechend für die Entwicklung der modernen Gymnastik in der Schule ansprach, dann darf auch ich als Veranstalter dieses Kongresses festhalten, daß die begnadete Tanzpädagogin Ela Klindt damals auf dem Höhepunkt ihrer Tätigkeit wirklich a l l e mitriß. Und das waren über 600 Teilnehmer aus der Bundesrepublik, der Schweiz, der CSSR, aus Finnland, Schweden, Italien und der Türkei.

Es ist oft von ihren Schülerinnen, Mitarbeiterinnen und Verehrerinnen (unter denen auch stets Männer vertreten waren!) mit begeisterten Worten geschildert worden, wie bewundernswert es dieser Frau gelang, in ihren Kursen auf der einen Seite das augenblickliche Erlebnis durch Musik und Bewegung äußerst glücklich zu gestalten und auf der anderen Seite jene Impulse zu geben, die für die praktische Leibeserziehung unerläßlich sind: das Mitgeteilte weiterzugeben.

Es wird von der österreichischen Leibeserziehung dankbar begrüßt, wenn durch vorliegende Veröffentlichung das Werk Ela Klindts über die Zeit hinaus, da sie selbst in einmaliger Weise Jazz-Gymnastik und Jazz Dance lehrte, weiterlebt als ein auch in Zukunft bereichernder Beitrag zur Leibeserziehung einer Jugend, die es nicht leicht hat, sich in dieser Zeit zu orientieren.

Zum Anlaß ihres hohen Geburtstages gilt Frau Dozent Ela Klindt der Dank der österreichischen Leibeserziehung aus vollem Herzen. Sie hat sich um unsere pädagogischen Leibesübungen wahrlich verdient gemacht. Sie kann versichert sein: Ihr Werk lebt in Österreich weiter. Und wenn sie mit ihren Augen nun nicht mehr so wie früher alles wahrnehmen kann, mögen an ihren inneren Augen, die ja auch „zum Schauen bestellt" sind, alle jene dankbaren Menschen vorüberziehen, die sie beglückt hat. Es sind sehr viele . . .

Prof. Dr. ERWIN NIEDERMANN

Einleitung

Das vorliegende Buch ist zunächst und vor allem ein Dank von uns, ihren ehemaligen Schülerinnen, an Ela KLINDT, unsere Lehrerin.

Dank nicht nur für viele arbeitsintensive, aber stets freudvoll miteinander verbrachte Gymnastik- und Tanzstunden oder für eine Fülle von Anregungen und Materialien, sondern Dank an eine Pädagogin, die in der ihr eigenen und besonderen Weise zu begeistern verstand, uns so ,,bewegte", daß wir unsere Schüler ,,bewegen" konnten, in der Hoffnung, daß diese ,,Bewegung" weitere Kreise ziehen möge.

Gleichzeitig ist dieses Buch auch ein Dokument des Schaffens von Ela KLINDTS letzten Jahren und damit eine Würdigung ihrer bis ins hohe Alter hinein unermüdlichen und ungebrochenen schöpferischen Energie und Kraft.

Wir haben versucht, einer Lose-Blatt-Sammlung von unterschiedlichen Manuskripten Buchform und damit Struktur zu geben. Nach einer kurzen Darstellung des Bewegungsphänomens ,,Tanz" und seines Stellenwertes im Schulsport wird in einer Art Rückblende die Entwicklung des Tanzes an den Hamburger Schulen seit Mitte der fünfziger Jahre beschrieben, die wesentlich von dem Wirken Ela KLINDTS am Institut für Lehrerfortbildung beeinflußt wurde. Verzichtet wird hierbei auf eine eingehende Betrachtung des zeit- und kulturgeschichtlichen Hintergrunds sowie auf eine detaillierte Analyse der jeweiligen Erscheinungsformen von Tanz, der Tanzformen und Bewegungselemente. Namhafte Autoren haben das bereits an anderer Stelle ausführlich und gründlich geleistet.

Um jedoch die Bedeutung von Ela KLINDT für die Hamburger Lehrer und Schüler im Bereich Tanz richtig einschätzen zu können, ist es notwendig, auf einzelne kulturgeschichtliche Phänomene hinzuweisen, die das Tanzen in der Schule beeinflußt haben.

In den beiden letzten Teilen des Buches, die den eigentlichen Schwerpunkt bilden, werden Exercise-Formen und Jazz-Etüden beschrieben, die von Ela KLINDT für Fortbildungsveranstaltungen mit Lehrern entwickelt wurden unter dem Aspekt der methodischen Umsetzung im Unterricht. Die Beschreibungen sind so formuliert, daß auch Kolleginnen bzw. Kollegen sie verstehen und nachvollziehen können, denen die einschlägigen Fachtermini weniger geläufig sind.

Festgestellt werden muß, daß in keiner Weise ein Anspruch auf Systematik und Vollständigkeit erhoben wird, selbst wenn der Darstellung der Skripten ein ordnendes Schema zugrunde liegt.

1 Tanz als Bewegungsphänomen

Bei Durchsicht der Literatur zum Thema „Tanz" fällt die allgemeine Unsicherheit der Autoren auf, die Begriffe „Tanz" bzw. „Tanzen" zu definieren.

Tanzen ist mehr als eine Bewegungsform wie Laufen, Springen; Tanz ist mehr als ein Produkt von erlernten Schritten. Er ist ein Bewegungsphänomen, an dem die Psyche wesentlichen Anteil hat. Für SEYBOLD (1) ist dieses Phänomen so komplex, daß es sich dem rationalen Zugriff entzieht. Es soll hier dennoch versucht werden, diese Komplexität mit Hilfe unterschiedlicher Definitionsansätze differenzierter zu betrachten.

Für FISCHER-MÜNSTERMANN (2) ist Tanz „ein ursprüngliches Ausdrucksmittel des Menschen durch rhythmische Körperbewegungen, Gestik und Mimik". Im wesentlichen gleicher Meinung ist SEYBOLD (3). Die Bewegungsmerkmale des Tanzes sind nach SEYBOLD Bewegung, Ausdruck, Form und Rhythmus. Beide berücksichtigen nicht den kommunikativen Aspekt des Tanzes. Dieser wird jedoch als ganz wesentlich von KRAMER-LAUFF (4) betrachtet, die ihrem kommunikationstheoretischen Ansatz gemäß wie folgt formuliert: „Tanz zeigt sich als interpretierte rhythmische Bewegung, d. h. in der Gestaltung der rhythmischen Bewegung legt sich das gesellschaftlich vermittelte Ich verstehend aus." Im Tanz „als Bewegungshandlung werden Mitteilungsbedürfnis und die Mitteilungsabsicht körperlich transformiert".

VENT-DREFKE (5) sehen ebenfalls den kommunikativen Aspekt des Tanzes: „Im Tanz können Ausdrucks- und Darstellungsintentionen bewußt in und über Körperbewegung sichtbar gemacht werden. Diese individuellen Ausdrucksintentionen lassen sich auch mit Mitteilungsabsichten verbinden."

Die spielerische Komponente des Tanzes findet sich bei RÖTHIG (6). Er schreibt: „Tanz zeigt sich vorwiegend in rhythmisch geformter Bewegung, ist seinem Wesen nach Spiel und weltweit verbreitete menschliche Aktivität. Der Mensch tanzt, was ihn bewegt (Spielidee), und das ist seine allgemeine oder besondere Situation in der Auseinandersetzung mit sich selbst, seiner Mit- und Umwelt. In diesem Sinne ist Tanz ein Ausdrucksmittel, das dem menschlichen Bedürfnis nach Darstellung, Kommunikation und Relation nachkommt."

Im folgenden gehen RÖTHIG und HASELBACH auf die Funktionen des Tanzes ein — RÖTHIG spricht von „situativen Bedürfnissen", durch die der Tanz eine besondere Formung erhält. Nach HASELBACH (7) kann Tanz „Ritual, Mittel zur Ekstase, erholsames Vergnügen, gesellschaftliche Konvention, Kinderspiel oder Schauhandlung sein", je nachdem, welche Funktion er in welchem Land zu welcher Zeit erfüllt; diese Funktion ihrerseits ist abhängig von kulturellen, sozialen, psychologischen, politischen und anderen Gegebenheiten.

Zusammenfassend läßt sich feststellen, daß rhythmische Bewegung, menschliche Ausdrucksmittel (Körpersprache), Darstellungsintention, Mitteilungsabsicht, Spielidee und Funktion das Bewegungsphänomen ,,Tanz" kennzeichnen. Je nach der Funktion des Tanzes und der Situation der Tanzenden wird dem Tanz eine andere Bedeutung zugemessen. Für Balletttänzer wird Tanz anders bedeutsam als für Turniertänzer, und diese werden sich wiederum nicht auf derselben Ebene befinden wie der jugendliche Discotänzer. Damit sind bereits verschiedene Erscheinungsformen des Tanzes angesprochen: Tanz als künstlerischer Tanz oder Bühnentanz, als sportlicher Turniertanz, als Gesellschaftstanz, als Beat- oder Poptanz und als Jazz Dance, als Folklore und Kindertanz, um die für unsere Gesellschaft wesentlichen Tanzformen zu nennen.

Es ergibt sich daraus die Frage, wie Tanz in der Schule stattfindet, welche Erscheinungsformen sich als Unterrichtsinhalt unter welcher Zielsetzung wiederfinden.

2 Tanz in der Schule

Tanz wird in den Richtlinien für die allgemeinbildenden Schulen als verbindlicher Inhalt aufgeführt; im allgemeinen wird er dem Sportunterricht — unter der Bezeichnung „Gymnastik/Tanz" — zugeordnet. In der Grundschule wird er häufig in den Bereichen Sport, Musik und Darstellendes Spiel angeboten, da hier der Klassenlehrer oft den gesamten Unterricht erteilt. Der sich aus der komplexen Sinngebung des Tanzes (s. „Tanz als Bewegungsphänomen") ergebende fachübergreifende Aspekt findet dort seine unmittelbare Umsetzung. Liegt die Zielsetzung vor allem in der Schulung der tänzerischen Bewegung, wird Tanzen als Teilbereich des Sportunterrichts vermittelt. Die Akzentuierung der rhythmisch-musikalischen Komponente des Tanzes rechtfertigt Tanzen im Musikunterricht. Im darstellenden Spiel werden vor allem die darstellerischen Kräfte des Kindes angesprochen (Körpersprache), wie sie tänzerische Improvisationen, Bewegungsspiele und Pantomime fordern.

Im Schulalltag wird Tanz häufig in Kursen (Wahlpflicht- u./o. Neigungsbereich) angeboten. Die selbstverständliche koedukative Form des Tanzes wird in der Grundschule immer, in den Klassen 5 und 6 im allgemeinen und in den Klassen 7—10 relativ selten durchgeführt. Nur bei Interesse und entsprechender tänzerischer Fähigkeit der Lehrer findet Tanzen im Klassenverband der Klassen 7—10 statt, meistens sind jedoch die Mädchen unter sich, wenn sie sich für einen Kurs „Gymnastik/Tanz" melden.

Die Jazzgymnastikkurse bieten je nach Bewegungsvermögen der Gruppe Gymnastik nach Beat und Pop an bis hin zu tänzerischer Gymnastik und Gestaltungen, denen die Elemente des Jazz Dance zugrunde liegen.

Erscheinungsformen des Tanzes in der Schule sind

— *Kindertänze* (Reigen, Spiellieder) und *Folkloretänze* mit vorgegebenen Rhythmen, Schrittfolgen, Raumwegen und Sozialformen

— *Gruppentänze nach Beat- und Popmusik* mit dem Jazz entlehnten afroamerikanischen Rhythmen und Bewegungstechniken, die ebenfalls afro-amerikanischer Herkunft sind und den Grundprinzipien des Jazz Dance entsprechen. Vereinbart bzw. vorgegeben werden Bewegungsfolgen, Raumwege und evtl. Sozialformen.

— *Jazz Dance,* der über den Gruppentanz nach Beat und Pop hinausgeht, da er besonders die individuelle Gestaltung und den persönlichen tänzerischen Ausdruck fordert.

— *Tänzerische Improvisation* nach freiem oder gebundenem Rhythmus, zu vorgegebenen Situationen (darstellendes Spiel, Pantomime) mit und ohne Zusatzmaterialien (Zeitungen, Tücher etc.), mit und ohne Musik als

Stimulans. (Nach FISCHER-MÜNSTERMANN ist jede Improvisation schon Tanz, da Tanzen beginnt, wenn die Bewegungen aus innerem Antrieb spontan erfolgen) (8).

Die didaktischen Prinzipien, die sich mit der Tanzerziehung in der Schule verbinden, sind nach SEYBOLD (9), die das Tanzen neben dem Üben, Spielen und Leisten als viertes Motiv des Bewegens sieht,

— das Prinzip der spontanen Bewegungsantwort im Tanz
— das Prinzip des echten Ausdrucks
— das Prinzip der einfachen, aber zur Vollendung geführten Form
— das Prinzip der sachlichen intentionalen Rhythmisierung.

Nach ihr dominiert das Tanzen in der Schule in der rhythmischen Erziehung, in Darstellungsaufgaben, in gymnastischen Bewegungskompositionen und im geselligen Tanzen. Tanzen kommt danach innerhalb des Lehrplans ein wichtiger, nicht ersetzbarer Standort zu.

Entsprechend der umfassenden Sinngebung des Tanzes kann auch die Zielsetzung in der Schule nicht auf die Vermittlung von formalisierten Körpertechniken reduziert werden, obgleich dieser Aspekt für viele Sportlehrer die einleuchtendste Begründung darstellt. Dennoch bereitet das Tanzen im normalen Sportunterricht Probleme. Folgende Begründungen sieht U. FRITSCH (10):

— nicht jeder Sportlehrer kann Tanz unterrichten;
— Schüler zeigen gegenüber Tanz starke Verunsicherung, denn Tanzen ist mit der Darstellung der eigenen Person verbunden;
— Tanzen ist in besonderem Maße mit Emotionalität/Expressivität verknüpft (sie sind in der Öffentlichkeit ,,verpönt", man gibt sich ,,cool");
— Tanzen gelingt nur in spezifischen Situations-Kontexten (Turnhalle, Kleidung, Musik, Helligkeit sind ungeeignet);
— Tanzen hat nichts mit Sport zu tun (sportliche Handlungsmuster sind nicht anwendbar, Leistungsvergleich fehlt).

U. FRITSCH findet auch eine Erklärung für die Dissonanz von Tanz und Sportunterricht. ,,Die heutige Schule hat ein Lernen hervorgebracht, das fast nur noch aus kognitiver Auseinandersetzung mit Wissensstoff besteht und Sinnlichkeit negiert. Deshalb verträgt sich auch die dem Tanz zugesprochene Ausdruckshaftigkeit und Sinnlichkeit nicht mit unserer Schule und deren bestimmten Vorstellungen von Rationalität, Leistung, Beherrschung, Disziplin." Um so wichtiger findet U. FRITSCH, daß Tanz in der Schule stattfindet, um ein Gegengewicht zum kognitiven Lernen zu bilden. Ihre tanzdidaktischen Konsequenzen lauten:

Die Schüler sollen durch Tanz erfahren,

— ,,daß Musik/Rhythmus meinen Körper lenkt,

— daß Tanzen mich ganz ergreifen kann,
— wie ich mit anderen tanzen kann,
— daß ich mir vorhandenes Tanzgut zu eigen machen kann,
— daß ich mit tänzerischen Mitteln gestalten kann,
— daß ich mich/etwas ausdrücken kann."

Folgt man den Ausführungen von U. FRITSCH, kann auf das Tanzen in der Schule auch bei den älteren Schülern und Schülerinnen trotz erwähnter Schwierigkeiten nicht verzichtet werden, und es sollte nicht nur Gegenstand des Sportunterrichts sein.

3 Die Entwicklung des Tanzes in den Hamburger Schulen seit Mitte der fünfziger Jahre

„Die Entwicklung des Schulfaches Tanz ging selbstverständlich nicht gradlinig vor sich, sondern war einigen Entwicklungen unterworfen, wie sie von der jeweiligen Mentalität der verschiedenen Schüler-Jahrgänge mitbestimmt wurden und auch gewiß in Zukunft beeinflußt werden" — so Ela KLINDT in einem Aufsatz „Tanzen heute — Versuch einer Begründung" im Jahr 1975 (11).

Bei Durchsicht der Angebote zum Bereich Tanz in den Verzeichnissen des Instituts für Lehrerfortbildung (IfL) in Hamburg seit 1956 werden zwei bzw. drei Entwicklungsabschnitte deutlich erkennbar. Der erste Abschnitt beginnt in den fünfziger Jahren mit der Einführung der amerikanischen Folklore, auf die zu Beginn der sechziger Jahre die europäischen und israelischen Folkloretänze folgen. 1969, der Einfluß der Beatmusik war nicht mehr zu überhören, wurde zum ersten Mal eine Einführung in moderne Gymnastik nach Beat- und Jazzrhythmen angeboten. Damit begann der zweite Abschnitt, denn es folgten „Moderne Formen des Gemeinschaftstanzes" — gemeint waren Gruppentänze nach Beat und Pop, unter diesem Titel allerdings erst 1976 angeboten. Parallel dazu vollzog sich über die Angebote der Jazzgymnastik seit 1971 die Entwicklung zum Jazz Dance. Das Angebot „Jazztanz" erscheint zuerst 1985 im Verzeichnis, obgleich inhaltlich längst in den Oberstufenkursen verwirklicht, wenn die entsprechenden Voraussetzungen erfüllt waren.

Zur Situation heute — 1987 —: nach wie vor werden in den Hamburger Schulen Folkloretänze und auch Gruppentänze nach Beat und Pop getanzt, vor allem in Unter- und Mittelstufe. In der Oberstufe gilt das Hauptinteresse, allerdings vorwiegend der Schülerinnen, der Jazzgymnastik und dem Jazz Dance.

3.1 Die Zeit der Folkloretänze

„Tanzt mit euren Schülern!" Ob auf Kursen der Lehrerfortbildung in Hamburg, auf Lehrgängen außerhalb von Hamburg, auf Wochenendseminaren oder Einzelveranstaltungen, dieser Aufruf an uns Lehrer war stets Ela KLINDTS Abschlußsatz, mit dem sie sich nach intensiver tänzerischer Arbeit an die vom Tanzen begeisterten jungen und alten Kolleginnen und Kollegen wandte. Der Satz bedeutete Aufforderung und Forderung zugleich und wurde von uns auch so verstanden und weitergetragen.

Damals, 1956/57, als sich die Hamburger Lehrerfortbildung im Sport zu etablieren begann, weil die Sachzwänge (fehlende ausgebildete Sportlehrer) zu groß waren, bezog sich Ela KLINDTS Aufforderung zum Tanz auf Folkloretänze, und zwar zunächst auf nordamerikanische Tanzformen wie Square- und Round-Dances. Die Tänze wirkten lässig, ungezwungen und entsprachen damit dem Bewegungsgefühl der Jugend. Rhythmen und instrumentale Arrangements trafen ihren musikalischen Geschmack, waren ihnen vertraut. Die Tanzschritte bereiteten Lehrern und Schülern keine Probleme, Tanzplatten gab es überall zu kaufen, Tanzbeschreibungen waren entweder den Platten beigefügt oder wurden auf den Fortbildungsveranstaltungen als Manuskripte von Ela KLINDT verteilt. Der Erfolg in den Schulen war überwältigend. Kein ,,tanzender" Lehrer in Hamburg, der nicht von Ela KLINDT und ihrem Engagement für das Tanzen gehört hatte bzw. inspiriert wurde. Die meisten von uns erfuhren auf ihren Tanzveranstaltungen, bei denen in der Regel 70 bis 90 Teilnehmer in einer normalen Turnhalle tanzten, die mitreißende Wirkung ihrer Persönlichkeit. Wie stark die Tanzbegeisterung und das Tanzinteresse unter den Lehrern war, zeigt, daß von 17 IFL-Veranstaltungen im Bereich Sport 9 Tanz als Angebot enthielten (1964). Die allgemeine ,,Tanzwut" bei Lehrern und Schülern und der Einsatz von Ela KLINDT — sie reiste mit einigen ,,Lehrer-Schülerinnen" von Schulkreis zu Schulkreis und half beim Einstudieren von Tänzen — führte zu bezirksübergreifenden schulischen Tanzveranstaltungen. Gemeint sind die sogenannten Abschluß-Tanznachmittage der 9. und 10. Abgängerklassen. Die Beteiligung an diesen vom IFL veranstalteten Tanzfesten lag bei 1 000 bis 1 200 Schülerinnen und Schülern. 1965 — Höhepunkt dieser Tanzwelle — tanzten dann auf dem Hamburger Stadionfest 1 400 Jungen und Mädchen gemeinsam die gleichen Tänze. Inzwischen waren allerdings zu den nordamerikanischen Tänzen osteuropäische, israelische, englische, französische und griechische hinzugekommen. Ela KLINDT informierte sich auf ihren Reisen ,,vor Ort" und brachte immer neue Tänze mit, die sie an ihre Hamburger Tanzgemeinde weitergab. 1966 findet sich im Verzeichnis des Instituts für Lehrerfortbildung: ,,Ela KLINDT — Tanz in der Schule — Europäische Folklore. Einführung in folkloristische Grundformen — englische, französische, griechische und tschechische Tänze".

3.2 Beat als Zeiterscheinung — Gruppentänze nach Beat

Obwohl die Hamburger Schüler und Schülerinnen in der Schule noch Folklore tanzten, trommelte in ihrer Freizeit bereits ein anderer Rhythmus. Die Beatles betraten 1962 die Musikszene der Jugend und nahmen sie im Sturm für sich ein. 1964 erreichte der Beat den Höhepunkt in England, 1967—1969 in Deutschland.

Wenn Tanzen auch Ausdruck des Zeitgeistes einer Kultur bzw. einer Gesellschaft ist, was bedeutete dann der Beattanz, der zunächst — und teilweise noch heute — alle Formen des Gesellschaftstanzes verdrängte?

Nach GÜNTHER (12) ist Beat ,,nichts anderes als eine ursprüngliche Form des echten, polyzentrischen Jazz Dance". Die Beatmusik entstand um 1960 als Nachahmung des schwarzen, religiös-ekstatischen Rock 'n' Roll. Hervorgebracht von einer jugendlichen Subkultur verkörperte sie den Geist von Freiheit, ihre Botschaft hieß Freude, Vergnügen, Zwanglosigkeit. GÜNTHER sieht als Begründung für den Durchbruch des Beat, daß er totale Ekstase erzeugt; das Ich verläßt seine Grenzen, es erhebt sich als frei. Der Beattanz entfaltete sich in Beatkellern und Beatschuppen, in engen Räumen, die nur das Tanzen am Platz gestatteten. Die Bewegungen der Tanzenden waren sparsam und ,,binnenkörperlich". Beziehungen zum Partner fehlten weitgehend. ,,Man tanzte für sich". Die Jugend war unter sich, die Erwachsenenwelt ausgeschlossen, die Beatles übernahmen Leitbildfunktion, nicht mehr die Eltern.

Obwohl bereits an der Grenze zu ihrer Pensionierung, begriff Ela KLINDT die musikalischen und tänzerischen Zeitzeichen in ihrer Bedeutung für das Tanzen in der Schule. In den Beatschuppen führte das Tanzen zur Isolation, begünstigte eine eher introvertierte narzißtische Selbstdarstellung. Tanzen meint jedoch immer auch Kommunikation (vgl. Kramer-Lauff). So entwickelte Ela KLINDT zu einzelnen Beattiteln Gruppentänze, die zwar den Tanzstil der Jugend berücksichtigten, aber darüber hinaus durch Schrittfolgen und choreographische Elemente Möglichkeiten der Kommunikation in der Gruppe eröffneten. ,,Der Gruppentanz nach Beat ist kommunikationsträchtig, vollzieht sich in einem ständigen Wechsel zwischen Gruppe und Partner, ist dynamisch und wird mit einer selbstverständlichen Einbeziehung des Raumes getanzt. Diese Tanzform ist entstanden aus den amerikanischen Round-Dances" (13). Ela KLINDT entwickelte Gruppentänze wie ,,Poppa Joe", ,,Peggy Sue", ,,Bo Diddley" u. a., die z. T. in ihrem Buch ,,Tanzen in der Schule" (14) veröffentlicht wurden. In einem unveröffentlichten Manuskript schreibt Ela KLINDT:

,,Die spontane Reaktion der Jugend auf moderne Rhythmen hat bewirkt, daß sich ein neuer Tanzstil im freiwillig gewählten Tanzen entwickelt hat. Ohne daß es jemand vorgeschrieben oder festgelegt hat, wurde ganz intuitiv eine zu der Musik adäquate Bewegung gefunden, geprägt durch den fordernden Beatschlag. Charakteristisch ist einmal eine pulsierende, den ganzen Körper mit einbeziehende Bewegung, zum anderen aber auch eine gewisse Einförmigkeit, die sowohl durch den Mangel an Formen und Raumaufteilung sichtbar wird wie durch fast stereotype Wiederholung einzelner Bewegungen.

Diese Beobachtung war Anlaß für den Versuch, Tanzbeispiele zu entwickeln, die das tänzerische Vermögen und die Bewegungsphantasie des einzelnen ansprechen und fördern sollen. Die hier angebotenen Grundformen und Schrittverbindungen sollen außerdem Anstoß zu eigenen kleinen Tanzgestaltungen geben. Das selbständige Mitgestalten durch Verbinden und Spielen mit bereits erlernten grundlegenden Formen gibt jedem die Möglichkeit, das eigene tänzerische Können zu entwickeln und zu steigern und anregend auf eine Gruppe zu wirken und sich in ihr zu behaupten.

Neben dem kreativen Tun ist das Tanzen miteinander ein Ziel, so daß auch die weniger einfallsreichen Tänzer von der Gruppe integriert werden und sich in ihr geborgen fühlen."

3.3 Von der Jazzgymnastik zum Jazz Dance

Der Beat beeinflußte und veränderte nicht nur die Tanzszene, sondern auch die schulische Gymnastik, die zunehmend ins schulsportliche Abseits geraten war und nun als Jazzgymnastik zu einer ungeahnten Renaissance kam, die bis heute anhält. Mit der Jazzgymnastik konnte ein großer Teil der vorwiegend älteren Schülerinnen neu für gymnastisches Tun interessiert werden. Ela KLINDT gab auch für diese Entwicklung in Hamburg die Initialzündung. 1969 bot sie zum ersten Mal den Fortbildungskurs „Gymnastik nach Beat- und Jazzrhythmen" an. 1971, Ela KLINDT wurde pensioniert, übernahm auf ihre Empfehlung hin eine qualifizierte Tanzpädagogin den Fortbildungskurs „Jazzgymnastik für Fortgeschrittene". Der Kurs fand so regen Zulauf, daß bald Kurse für Anfänger einerseits und die Weiterführung zum Jazz Dance andererseits folgten.

Jazzgymnastik wird häufig in einem Atemzug mit Jazz Dance genannt. Es soll daher versucht werden, eine Abgrenzung von Gymnastik und Tanz bzw. Jazzgymnastik und Jazz Dance vorzunehmen und dabei gleichzeitig die Verbindung zwischen beiden aufzuzeigen.

VENT/DREFKE (15) schreiben: „In der Gymnastik wird in erster Linie eine Verbesserung der Bewegungsqualitäten angestrebt. Im Tanz dagegen können Ausdrucks- und Darstellungsintentionen bewußt in und über Körperbewegung sichtbar gemacht werden." Bewegung wird gezielt als Kommunikationsmittel eingesetzt. Ferner unterstützt die Musik bei der Gymnastik eher die Bewegungsabläufe, im Tanz wird die musikalische Vorlage interpretiert. Im Tanz sind die „Möglichkeiten in bezug auf Materialverwendung, Musikverarbeitung, Gestaltung, Interaktion und Kommunikation weiter und offener als in der Gymnastik. Bei der Gymnastik stehen konditions- und koordinationsverbessernde Aspekte und/oder formale Gestaltungsaspekte im Vordergrund, im Tanz werden darüber hinaus Sprache und Ausdruck des Körpers zum primären Gegenstand".

Übertragen wir die vorhin zitierten Unterscheidungsmerkmale von Gymnastik und Tanz auf Jazzgymnastik und Jazz Dance, dann bedeutet es, daß die Jazzgymnastik ,,eine besondere Form der rhythmischen Gymnastik ist mit dem Ziel, den Jazztanz vorzubereiten" (16), d. h. es werden spezielle Bewegungstechniken geschult. ,,In der Jazzgymnastik werden die Bewegungselemente des Jazztanzes methodisch schrittweise aufbauend entwickelt. Hierzu gehört die Isolationstechnik, die Koordinationsschulung (Zusammenspiel der Isolationszentren) sowie die Schulung der Spannungswechsel und der Oppositions- und Multiplikationsbewegungen. In diesem Sinne führt die Jazzgymnasik zum Jazztanz." (17) FISCHER-MÜNSTERMANN fordert, daß die Jazzgymnastik nicht beim Üben von technischen Bewegungselementen und gymnastischen Einzelheiten stehenbleiben darf, sondern direkt zum Tanzen führen muß. Es geht also vorrangig im Unterricht um die Verbesserung der tänzerischen Bewegungsqualität. Gemeinsame Herkunft und Basis von Jazzgymnastik und Jazz Dance ist der Jazz, d. h. die Elemente der Jazzmusik, ihr Rhythmus bestimmt den Stil der Bewegungen.

Die Ansprüche, die die Jazzgymnastik bzw. der Jazz Dance an Lehrende und Schüler stellt, werden in der Schule sehr unterschiedlich, oft nur ansatzweise erfüllt. Häufig wäre die Bezeichnung ,,Gymnastik nach Beat- und Popmusik" ein ehrlicherer Titel als ,,Jazzgymnastik". Entscheidend ist jedoch, daß der Zulauf zu den Gymnastik- und Tanzkursen, vor allem bei den Mädchen, sehr groß ist.

3.4 Zusammenfassung

Es bleibt festzuhalten, Tanzen ist auch bei den Schülern der achtziger Jahre ,,in".

Die Erscheinungsformen schulischen Tanzens reichen von Kindertänzen und Folklore über Rock 'n' Roll, Poptanz bis zum Jazz Dance. Selbst der Turniertanz, wie z. B. Tango, wird von der Jugend wiederentdeckt. Der Jazz Dance erfordert zweifellos vom Lehrenden ein Höchstmaß an Bewegungskönnen, Musikalität, Kreativität, Phantasie und Einfühlungsvermögen neben pädagogischen und methodischen Fähigkeiten.

Ela KLINDT entwickelte für Kurzlehrgänge und Einzelveranstaltungen im In- und Ausland Jazz Dance-Etüden, denen sie ein Exercise voranstellte. So entstand eine Fülle von unveröffentlichten Manuskripten, von denen ein Teil in diesem Buch als Anregung und Hilfe für alle zugänglich gemacht werden soll.

4 Grundlegende Techniken des Jazz Dance

Ausgangspositionen:

1. Position: Aufrechte Haltung — gestreckte Beine
Füße: a) parallel nebeneinander
b) Fußspitzen nach außen gedreht, die Fersen sind nahe beieinander

2. Position: Grätschstand — gestreckte oder gebeugte Knie
Füße: a) parallel nebeneinander
b) Fußspitzen nach außen gedreht

Plié: Beugung der Fuß-, Knie- und Hüftgelenke bei aufrechter oder vorgeneigter Haltung

Isolation:

Die Technik des Jazz Dance basiert auf isolierten Bewegungen, d. h. es muß als Voraussetzung die Bewegungsfähigkeit des ganzen Körpers mit seinen einzelnen Bewegungszentren (Kopf, Hals, Brustkorb, Schulter, Becken, Beine, Füße) trainiert werden.

Polyzentrik:

Werden zwei oder mehrere Bewegungszentren gleichzeitig unabhängig voneinander bewegt — wobei dies auch rhythmisch unterschiedlich sein kann — so spricht man von Polyzentrik.

Gegenbewegung:

Zwei Körperteile bewegen sich gegeneinander, z. B. die rechte Schulter gegen das linke Knie.

Verwringung (Twist):

Drehung eines Teiles des Körpers gegen einen feststehenden, z. B. im Plié den Oberkörper mit einer halben Drehung nach hinten wenden.

Contraction (18):

Zusammenziehen verschiedender Muskelpartien. Am häufigsten kommen Contractions im Torso vor, im Brust- und Bauchraum. Das Zusammenziehen der jeweiligen Muskulatur bewirkt eine Rundung der Wirbelsäule, die sich in ihrem Ausmaß nach der Intensität der Contraction richtet.

Release:

Beim Release wird der ganze Körper über das Normalmaß hinaus gedehnt; der Körper wird größer, länger, freier (bis zum Hohlkreuz mit Kopf im Nacken).

Collapse (18):

Körpergrundhaltung im afrikanischen Tanz: Stand auf der ganzen Sohle, gebeugte Fuß-, Knie- und Hüftgelenke, Oberkörper nach vorne geneigt, Wirbelsäule gerade.

Relaxation (18):

Völliges Entspannen verschiedener Muskelpartien.

Jazzwalks:

Verschiedene Formen des Gehens, Schrittverbindungen aus isolierten Hüftbewegungen heraus (seitlich parallel oder in Opposition).

Tiefes Gehen (18):

Raumgreifende Schritte, wobei das Becken in einer Höhe bleibt, mit dem Schritt nach vorn wird das Bein gebeugt und das hintere gestreckt.

Hohes Gehen (18):

Gehen auf den Fußballen mit gestreckten Kniegelenken.

Cat Step (18):

Beim Schritt nach vorn den Fuß auf dem Ballen aufsetzen (1), dann die Ferse akzentuiert auf den Boden drücken (2) — Katzenschritt.

Samba-Schritt (18):

Drei Bewegungen (Wechsel des Gewichts) in vier Zählzeiten:

Rechts ein Schritt vorwärts (1), Gewichtsverlagerung zurück auf links in der Schrittstellung und mit dem linken Fuß etwas zurückrutschen (2), das Gewicht wieder nach vorn auf rechts verlagern, dabei rechts im Plié erneut aufsetzen (3—4). Das gleiche links.

Kick (18):

Beinbewegung: Vorstrecken des unbelasteten Unterschenkels aus der Beuge in verschiedene Richtungen.

Kick-Ball-Change (18):

Drei Bewegungen in zwei Zählzeiten:

Rechts-kick-vor (1), rechts ein Schritt rückwärts auf den Ballen und Gewichtsverlagerung in Schrittstellung nach vorn auf links (2).

Brush (18):

Bürsten oder Wischen mit einem unbelasteten Fuß über den Boden in verschiedene Richtungen.

Jazzfalls:

Fallbewegungen aus einer stabilen Haltung heraus. Die Landung kann in verschiedenen Levels erfolgen.

Levels:

Sie dienen in der Regel dem Prinzip der Isolation im Liegen, Sitzen, Knien und Stehen und beschreiben das Verhältnis des Oberkörpers zum Boden.

Jazzhand (18):

Handhaltung, bei der die Hand geöffnet und die Finger gestreckt sind.

Flexion (18):

Beugen der Gelenke (vor allem der Fuß-, Knie- und Handgelenke), z. B. Hochstellen der rechten Hand im Winkel von 90 Grad zum Unterarm.

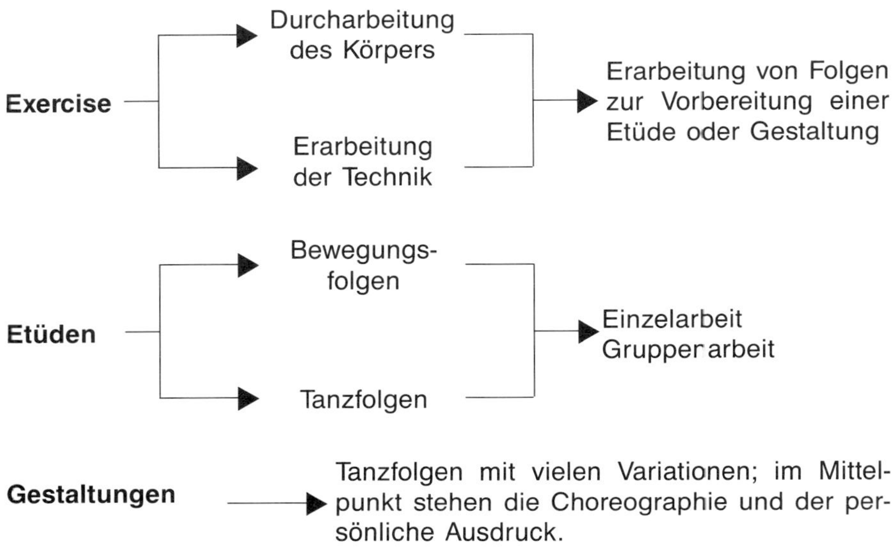

5 Didaktisch-methodische Überlegungen

Der Tanzunterricht wird immer sehr persönlich sein und von dem Stil und der Kreativität des Lehrenden abhängen. Um das Ziel des Unterrichts — zum Tanzen zu führen — zu erreichen, sind folgende Überlegungen notwendig:

5.1 Didaktischer Aspekt

5.1.1 Berücksichtigung der räumlichen Verhältnisse (Turnhalle, Gymnastiksaal, Pausenhalle, Klassenraum, Rasenfläche)

5.1.2 Auswahlkriterien:

— Zusammensetzung einer Lerngruppe (Mädchen und Jungen)
— Lernvoraussetzungen der Gruppe (Wahlpflichtkurs, Klasse u. a.)
— Musik (Phasengerechtigkeit)

5.2 Methodischer Aspekt

5.2.1 Einführung in Etüden

5.2.1.1 Einhören in die Musik

5.2.1.2 Vorformen, die zum Tanzen und zur jeweiligen Etüde hinführen:

— Vormachen und Aufnehmen von Schrittarten und -folgen;
— Wiederholen und Festigen;
— Kombinieren und Variieren;
— Üben der Übergänge verschiedener Schrittfolgen im Hinblick auf Leichtigkeit, rhythmische Präzision, Dynamik und Anpassung an den Partner, an die Gruppe und an den Raum;
— Improvisieren.

5.2.2 Ausführung der Etüde

5.2.2.1 Tanzformen wie Blockaufstellung, Kreis, Linien, Reihen, Gasse u. a.

5.2.2.2 Anwendung des unter 5.2.1.2 Erlernten

5.2.2.3 Hinführung zu einer Gestaltung

5.2.2.4 Erneutes Überarbeiten, Verändern und Umgestalten durch gegenseitiges Beobachten und Reflexion.

5.3 Vorschläge zur Einleitung einer Unterrichtsstunde

Die einzelnen Unterrichtsstunden können vielseitig und unterschiedlich gestaltet werden. Allerdings muß am Anfang einer Stunde immer die langsame Aufwärmung stehen.

5.3.1 Zuerst die Musik anhören, danach sich frei im Raum bewegen.

Die Bewegungsart selber finden. Wenn die Musik gestoppt wird, bleibt jeder stehen, und es wird eine Bewegungsaufgabe zugerufen:

— Jeder in einer großen Spannung mit angehobenen Armen ansteigen;
— sich an den Boden kauern;
— isolierte Armbewegungen ausführen.

Immer wenn die Musik einsetzt, bewegt sich jeder wieder frei im Raum.

5.3.2 Verschiedene Bewegungsaufgaben:

— Schnell durch den Raum laufen, ohne anzustoßen;
— schleichende Bewegungen im tiefen Plié;
— entspannte Bewegungen und dabei bis zur Bodenlage kommen;
— schnelle Bewegungen wie Trippeln mit Sprüngen verbinden;
— Drehsprünge, die die Tiefe und Weite betonen;
— verschiedene Armführungen und Beinschwünge am Ort;
— am Boden kauern, rollen, dehnen, spannen;
— groß und klein werden.

5.3.3 Partnerformen:

— Voreinander-, hintereinander oder nebeneinandergehen;
— miteinander drehen;
— durch den Raum laufen und plötzlich voreinander stehenbleiben;
— sich spiegelbildlich bewegen.

5.3.4 Gruppenaufgaben:

In Kleingruppen im Pulk eng zusammenstehen. Aufgabe: Gemeinsam „eine Wand wegschieben“ nach oben, nach vorn, zur Seite. Danach eine Form finden, sich zu trennen bzw. daß alle Gruppen sich zu einem großen Kreis zusammenfinden etc.

5.4 Einige Überlegungen für den Aufbau einer Gestaltung

— Keine Aneinanderreihung von Formen und Motiven, sondern harmonische Übergänge und Auflösungen schaffen.

- Steigerungen sollten enthalten sein.
- Keine Vielzahl von Bewegungsmotiven mit zu häufigem Wechsel von schnellen, abrupten Veränderungen, sondern ein Bewegungsmotiv aufbauen, entwickeln und variieren.
- Wiederholungen prägen sich besser ein, jedoch zu häufige gleichförmige Wiederholungen wirken langweilig und eintönig.
- In den Wiederholungen leichte Abwandlungen schaffen, z. B. Veränderung im Rhythmus der Bewegung, im Bewegungsumfang, in der räumlichen Gliederung. Das belebt die Wiederholung!
- Bei der Auswahl der Musik ist wichtig, daß sie die Schüler motiviert, sich danach zu bewegen.

  Die Musik analysieren in bezug auf Akzente, Taktwechsel, Tempowechsel, Phrasierung, Dynamik und Charakter.
- Für die räumliche Gestaltung sind die symmetrischen Raumformen wie Block, Reihe, Linie, Gasse, Kreis wichtig. Sie sind überschaubar und leicht erkennbar und bringen Ruhe in ein Bild. Sie sollten jedoch abwechseln mit asymmetrischen Raumformen in verschieden großen Gruppen.
- Gegensätze in der Gruppenarbeit schaffen, z. B. eine Gruppe bewegt sich langsam, die andere schnell — oder eine bewegt sich vorwärts, die andere setzt sich an den Boden u. ä.
- Auch z. B. das Ausbrechen einzelner bedenken.
- Auch Gegensätze zur Musik bringen, z. B. zu einer schnellen Musik sich langsam bewegen u. a.

6 Exercises

(unter Verwendung unveröffentlichter Skripten von Ela Klindt)

6.1 Exercises im Stand und in der Fortbewegung

Entwicklung der Federung in verschiedenen Positionen

In der 1. Position

— Kleine Federungen im Plié in verschiedenen Rhythmen z. B. kurz$_{1}$, kurz$_{1}$, lang$_{3—4}$ — die Tiefe betonen

oder:

— 4× kurz
1× lang — dabei die Beine langsam beugen und strecken, die Knie beim Plié weit öffnen.

In der 2. Position im Plié

— 4× kurz federn (1—4)
1× lang federn (1—4)
mit Fersenklopfen (im tiefen Plié) z. B. re und li im Wechsel nacheinander oder beide Fersen gleichzeitig;

— mit gestreckten Beinen;

— das Gewicht nach re verlagern und ins Plié gehen (ins re Knie) 1 x nachfedern — Tiefe betonen;

— dasselbe nach li;

— auch mit Fersenklopfen verbinden;

— den Oberkörper vorneigen, Hände auf die Oberschenkel legen, das Gewicht verlagern nach re, zur Mitte,
nach li, zur Mitte;

— dasselbe mit hinter dem Rücken gefaßten Händen;

— dasselbe mit seitlich ausgebreiteten Armen in weiter Grätsche und tiefem Plié;

— dann im Wechsel = mit aufgestützten Händen
mit Rückenfassung
mit ausgebreiteten Armen.

Beweglichmachung des Schultergürtels

Heben und Senken der Schultern

In der 1. Position im Plié

— die Schultern — bei herabhängenden Armen — hoch- und tiefziehen —

re und li im Wechsel — oder beide gleichzeitig (Ellenbogen gestreckt lassen) —

in verschiedenen Rhythmen:

z. B. 1× hochziehen, dann 2× nach unten ausschütteln;

— die Hände bei abwärts gestreckten Armen rechtwinklig abbeugen — Schultern hochziehen und vor- und zurückdrehen — und nach unten stoßen (wenn die re Schulter vorn ist, ist die li hinten usw.);

— jeden Wechsel von vorn nach hinten durch ein Hochziehen der Schultern einleiten;

— die Hände bei abwärts gestreckten Armen rechtwinklig abbeugen und beide Schultern gleichzeitig hoch-, vor-, zurückziehen und nach hinten stoßen (dabei ins Plié gehen);

Schultern kreisen

— re und li im Wechsel — oder beide gleichzeitig, z. B. vor-hoch-rück-tief oder umgekehrt, Arme dabei hängen lassen.

In verschiedenen Rhythmen sehr akzentuiert.

— Schulterkreisen und Vor- und Rückdrehen miteinander verbinden.

Ein- und Ausdrehen der Arme

In der 2. Position — kleines Plié — Arme hängen lassen

— re Arm ein- und ausdrehen. Das Ausdrehen betonen;

— während des Ein- und Ausdrehens den Arm langsam seitlich anheben — den Oberkörper etwas vorneigen;

— re und li im Wechsel;

— beide Arme seitlich anheben — in Gegenbewegung ein- und ausdrehen. Die Bewegung weiterführen, bis die Arme hochgestreckt sind;

— dasselbe mit Schritten verbinden.

Armführungen

In der 2. Position im Plié

— den re Ellenbogen seitlich an die re Hüfte heranziehen (re Arm ist dabei ausgedreht) — das Gewicht ist auf re;

— dann die li Hüfte mit Gewicht nach li verschieben und den re Arm weit nach außen strecken (Gegenbewegung);

— den re Arm eingedreht nach oben strecken — dabei das re Knie beugen, Gewicht auf re — den Kopf nach li drehen, dann:

— den re Arm lang nach unten — eng am Körper entlang — mit aufgestellter Hand — 2× nachfedern. Das Gewicht ist dabei auf li — der Oberkörper neigt sich nach re;

— in der 2. Position den re Arm diagonal nach li über den Kopf führen (2 Zeiten), dann den gestreckten re Arm schnell durch die Tiefe schwingen — im Plié — ohne Verlagerung;

— in der 2. Position im Plié die Arme ausgedreht ausbreiten — beide Ellenbogen — nacheinander — auf der Waagerechten nach innen ziehen — mit Gewichtsverlagerung und Contraction und wieder nach außen führen (schnell nacheinander) mit Fersenklopfen.

Durcharbeitung des Körpers mit Armführung

2. Position — Arme seitlich angehoben:

1—2 den Oberkörper nach vorn fallen lassen und die Arme kurz vor dem Körper überkreuzen und wieder auseinander nehmen — Oberkörper hängen lassen;

3—4 die Arme überkreuzend nach oben führen und dabei den Oberkörper wieder aufrichten;

5—6 die gestreckten Arme (oben eng beieinander) aus der Schulter heraus nach oben ziehen (3×);

7 den re Arm über die re Seite senken (re Hüfte mit einbeziehen);

8 mit li wie 7.

Beweglichmachung der Hüften

In der 1. Position — Beine gestreckt — Füße parallel

— re und li Hüfte seitlich verschieben — mit und ohne Nachfedern;

— wie oben, aber im Plié.

In der 2. Position im Plié

— die Hüften nach re und li verschieben — auf einer Ebene;

— dasselbe mit Verlagerung durch die Tiefe und zu einem Kreis führen;

— Beckenschaukel: das Becken kippen und aufrichten im Wechsel;

— Beckenkreisen vor und zurück — auch mit Schritten verbinden;

— seitlich die Hüften verschieben — schnell und langsam im Wechsel;

— mit Seitschritten verbinden — z. B.:

1 Schritt re seitlich und die re Hüfte verschieben, li Fuß heranziehen;

— dasselbe mit li nach li;

— mehrere Schritte nach einer Seite, z. B.:

re Schritt, li Fuß heran — noch 2× wiederholen, dann Pause und 1× klatschen

oder:

a) mit 1 Seitschritt nach re, die re Hüfte verlagern

b) Gewicht auf li verlagern (2. Position)

c) re Bein gestreckt hinter li kreuzen mit Gewicht

d) Gewicht wieder auf li vorverlagern

oder:

mit 1 Rückschritt beginnen:

a) re Bein gestreckt hinter li kreuzen (mit Gewicht)
b) Gewicht auf li vorverlagern
c) ein Nachstellschritt nach re (re, li, re);
danach den ganzen Ablauf nach li beginnen (mit li).

2. Position, tiefes Plié, Hände in den Hüften

a) die Hüften nach re und li verschieben (im Rhythmus: kurz, kurz, lang);
b) dasselbe mit gestreckten Beinen;
c) a und b miteinander verbinden: 2× a und 2× b hintereinander;
d) Jazzwalk seitlich
z. B. 1 Schritt nach re und gleichzeitig das Gewicht auf li und die li Hüfte nach außen verschieben

im Rhythmus:	Schritt,	Schritt,	Schritt
	re-li	re-li	re-klatsch;

dasselbe zur anderen Seite (mit Knipsen oder Klatschen auf dem 3. Schritt);
e) 2. Position, gestreckte Beine, das re Bein etwas vorgestellt: re Hüfte 2× vor- und rückfedern, einen kleinen Schritt li zur Seite, li Hüfte anheben, den Fuß auf den Ballen, danach die li Ferse mit Akzent senken.

Bewegungsverbindung:

2. Position, gestreckte Beine

— das re Bein kreuzt mit Gewicht über das li, 2× die re Hüfte vorfedern;
— auf den Ballen Schritt li zur Seite mit hochgezogener li Hüfte, die li Ferse mit Akzent senken;
— das Ganze 2× wiederholen;
— danach ein Schritt re zur Seite, das li Bein hinter dem re kreuzen (ohne Gewicht aufsetzen), dabei beide Arme parallel durch die Tiefe nach re durchschwingen bis Schulterhöhe;
— halbe Drehung über li auf dem re Ballen (im Schritt bleiben), die li Ferse mit Akzent kurz auf den Boden tippen (ohne Gewicht) und gleich den li Fuß wieder zur Seite zum Schritt, dabei Hüftverschiebung nach re: schnelle Jazzwalks;
— den li Fuß mit einem kleinen Schritt vorsetzen, halbe Drehung über re (das Gewicht bleibt li);
— Wiederholung bis zu den schnellen Jazzwalks.

Federungen — Beinführungen — Beinschwünge

In der 1. Position — Füße parallel:

a) re Knie anheben und wieder senken (1—2) (Zählzeiten), das gestreckte re Bein auf der Ferse nach außen drehen und wieder zurück (3—4);

b) re Knie anheben (1);
re zur Seite führen (2);
wieder nach vorn (3);
und gestreckt rückwärts auf den Ballen setzen (4);

c) re Knie anheben und nach li über das gestreckte li Bein führen (1);
nach re außen zur Seite (2);
dann das re Bein gestreckt hinter li aufsetzen mit Gewicht und 1 Zeit dort halten (3—4)
gleichzeitig beide Arme parallel vor dem Körper schräg nach unten li führen und 1× knipsen — Kopf mit nach li drehen;

d) mit li 1× aufstampfen (1)
das re Bein locker vorschwingen = Swingschritt, dabei Arme und Oberkörper mit nach vorn nehmen und knipsen (2)
2 Schritte rw — fast am Ort re, li (3—4);
dasselbe dann mit re beginnen;

e) im tiefen Plié (1. Position) mit dem re Bein seitlich auftippen — und wieder an li heransetzen;
dasselbe mit dem li Bein

f) wie e, aber mit Abfedern und Nachfedern;

g) wie e, aber mit Zwischenschritten — fast am Ort vor dem Beinwechsel:
1× re seitlich auftippen, dann drei kleine Schritte am Ort (re, li, re) und dasselbe dann mit li seitlich beginnen;

h) wie g, aber mit großen Kreuzschritten nach dem Auftippen — sehr dynamisch.

Alle Formen von a—h nacheinander und miteinander verbinden.

Verschiedene Formen des Gehens

Gehen in der Tiefe (im Plié) mit weiten Schritten

— den Oberkörper dabei leicht vorneigen — das Gewicht in die Knie schieben — immer in der Beuge bleiben!

— die Arme in die Bewegung mit einbeziehen:

— mit gestreckten Armen durch die Tiefe vor- und zurückpendeln — Gegenbewegung in den Schultern!

— In den Ellenbogen abwinkeln und vor- und zurückpendeln oder mit den Unterarmen — mit Knipsen — leicht auf- und niederfedern.

Gehen im Plié mit Nachstellschritten

— vorwärts — diagonal — rückwärts — immer im Plié bleiben z. B.:
2 Schritte — 1 Nachstellschritt vw
re, li re, li, re
oder die Nachstellschritte leicht abgefedert.

Gehen im Plié mit Cat Steps

— beim ,,Cat Step" wird zuerst der Ballen sehr akzentuiert aufgesetzt, dann die ganze Sohle. Die Arme pendeln in der Gegenbewegung mit vor und zurück.

Gehen mit ,,brush" und kleinen Rückschritten

— brush bedeutet: 1 Fuß rw leicht abheben, dann nach vorn über den Boden ,,wischen" und mit dem Fuß danach ansetzen zu drei kleinen Rückschritten — z. B. verbinden:

vier große tiefe Schritte (im Plié) — re, li, re, li
ein Schritt re, 1 ,,brush" li und
drei schnelle Schritte rw (li, re, li).

Gehen auf Ballen in der Streckung

— mit gestreckten Beinen und kleinen Kreuzschritten vw gehen — die Arme hängen lassen und die Schultern leicht vor- und zurückdrehen;

dasselbe mit hochgestreckten Armen.

Gehen in der Tiefe und in der Streckung

— miteinander verbinden mit verschiedenen Armführungen und in unterschiedlichen Rhythmen.

Verwringung

1. Position — Füße parallel — Plié — Unterarme angewinkelt:

— $^1/_4$-Drehung des Oberkörpers nach re — die Arme mit 1 Knipser nach außen strecken. Wieder nach vorn drehen — und mit einer Zwischenfederung am Ort knipsen, klatschen oder mit den Fersen klopfen;

— denselben Ablauf nach li;

— nach re und li ohne Zwischenfederung;

— die Drehung erweitern, so daß die Arme diagonal nach rückwärts vorgestoßen werden können.

Beide Abläufe in der 2. Position im Plié

— bei der Drehung den Gegenfuß etwas mitdrehen auf dem Ballen, so daß das Knie leicht nach innen fällt (z. B.: Drehung nach re — li Knie fällt nach innen usw.).

Alle Formen in der 1. und 2. Position mit und ohne Zwischenfederung miteinander verbinden.

2. Position — tiefes Plié:

— $^1/_4$-Drehung rückwärts — Füße fest stehen lassen und beide Arme bei der Drehung weit auseinander nehmen. Beim Vordrehen die Unterarme wieder heranziehen. Mit und ohne Zwischenfederung.

Seitdehnung mit Kreuzschritten verbinden

Ausgangsposition: 2. Position — gestreckte Beine:

— re Fuß kreuzt über li — li zur Seite — re kreuzt hinter li (1—3), auf 4 die Arme mit Knipsen diagonal nach oben — oder zur Seite — strecken. Bei der seitlichen Dehnung bzw. Verwringung ins Plié gehen!

— Beim Wechsel zur anderen Seite mit dem li Fuß beginnen;

— die Formen von 1—6 miteinander verbinden.

Contraction

Alle Abläufe mehrere Male wiederholen — auch im Seitenwechsel

1. 1. Position — Plié — Hände hinter dem Rücken: *Contraction*
2. 1. Position — gestreckte Beine — Hände hinter dem Rücken: *Release*; dabei den Kopf in den Nacken.
3. Im Schritt re Fuß vor: *Contraction* — dabei das Gewicht nach rückwärts nehmen.
4. Im Schritt re Fuß vor: *Release* — dabei das Gewicht nach vorwärts verlagern.
5. Bei *Contraction* die Arme langsam vorwärtsstrecken, *beim Release* die Arme langsam rückwärts strecken, Wiederholung gegengleich.
6. Contraction und Release mit Rück- und Vorwärtsschritten verbinden.
7. Im Schritt — re Fuß vor — plötzliche *Contraction* — dabei die Arme seitlich angehoben — Ellenbogen am Körper — Unterarme waagerecht zur Seite — innere Handflächen nach vorn — dann:

   — 1 Schritt zur Seite nach li, den li Arm etwas ausstrecken;

   — 1 Schritt zur Seite nach re, den re Arm etwas ausstrecken;

   — wiederholen gegengleich.
8. *Contraction* mit einer 1/4-Drehung des Oberkörpers:

   2. Position — gestreckte Beine — plötzliche 1/4-Drehung des Oberkörpers nach li, dabei das re Knie nach innen fallen lassen (der li Fuß dreht etwas mit nach li) — die re Hand vor dem Körper aufgestellt langsam vorstrecken mit gleichzeitiger Contraction (das Gewicht auf den re Fuß verlagern) —

   mit einer 1/4-Drehung über re die Front wieder nach vorn — Beine strecken — 2. Position —

   Wiederholung des Ablaufes 8. nach der Gegenseite.

Seitneige und seitliche Contraction

1. Position

1—2 den re Arm nahe am Ohr nach li oben strecken, dabei auf Ballen ansteigen — den li Arm um den Körper schlingen

3—4 1/4-Drehung über li und den li Fuß mit 1 gr. Schritt vorsetzen — li Knie gebeugt — beide Arme waagerecht vorstrecken

5—7 den re Arm über die Waagerechte nach re führen, dabei den Oberkörper wieder mit nach vorn drehen — 2. Position Plié — mit der re Ferse 3× auf den Boden klopfen

8 mit der re Hand gegen den Oberschenkel schlagen

1—2 1/4-Wendung des Oberkörpers nach re und beide Arme so anheben, daß beide Unterarme etwas angewinkelt sind (seitl. Contraction)

3—4 beide Arme weiter nach oben „werfen" an der re Seite und dann sofort den Oberkörper durch die Tiefe nach li durchschwingen

5—8 wie 1—4 in Gegenrichtung.

6.2 Exercises am Boden

Zur Durcharbeitung des Körpers

Beweglichmachung der Halswirbelsäule

durch Drehen — Neigen — Senken — Nicken und Kreisen des Kopfes

Im Sitz:

Beine gegrätscht — Knie angehoben — Hände auf die Knie:

— Kopfdrehen nach re — zur Mitte — nach li — zur Mitte;

— den Kopf neigen — dabei senkt sich das re Ohr zur re Schulter — dann wieder aufrichten und zur anderen Seite neigen — mit Nachfedern;

— den Kopf auf die Brust und in den Nacken senken — mit und ohne Nachfedern;

— den Kopf kreisen — schnell und langsam im Wechsel;

— schnelles Nicken mit dem Kopf — von der re Seite nach li und umgekehrt.

Beweglichmachung des Schultergürtels und seitliche Brustkorbdehnung

Im Schneidersitz — Hände auf den Knien:

— Schultern vor-, hoch- und zurückziehen — langsam und schnell im Wechsel;

— Arme seitlich angehoben weit nach außen ziehen — nacheinander und gleichzeitig;

— Arme seitlich — beide Arme und Schultern gleichzeitig ein- und ausdrehen — den Kopf mit einbeziehen — beim Eindrehen Rücken runden und den Kopf senken, beim Ausdrehen Rücken strecken und den Kopf zurücklegen in den Nacken.

Brustkorbdehnung:

Im Schneidersitz die Hände seitlich an den Brustkorb legen (Fingerspitzen nach unten):

— den Brustkorb nach re und li verschieben — die Schultern bleiben dabei auf einer Ebene;

— dasselbe mit seitlich angehobenen Armen;

— im Wechsel und in verschiedenen Rhythmen: z. B. lang — kurz, kurz — lang.

Verwringung

In der Rückenlage

Beine gestreckt nebeneinander, Arme ausgebreitet seitlich, Handflächen gegen den Boden:

— das re Knie angebeugt über das gestreckte li Bein führen — bis auf den Boden — die Schultern am Boden lassen!
Dasselbe mit li;

— denselben Ablauf auch im Sitz — dabei die Hände rw aufstützen.

Rückenlage und Sitz im Wechsel.

Im Sitz

Beine gegrätscht:

— re Arm hochstrecken — li Hand unter den re Oberschenkel legen — Seitneige nach li;
dasselbe mit li nach re;

— re Hand unter den re Unterschenkel — den li Arm hochstrecken und zur re Seite neigen (dabei sollte der re Unterarm bis zum Ellenbogen am Boden bleiben!).

Contraction

In der Rückenlage

— Lendenwirbelsäule gegen den Boden drücken — Kopf in den Nacken — und beim langsamen Hochkommen zum Sitz die gestreckten Arme ausgedreht — nur wenig angehoben — vorstrecken bis über die Füße.

Im Sitz

Hände auf die Knie:

— Gewicht zurückverlagern, Wirbelsäule rundet sich dabei, die Arme werden lang — dann das Gewicht wieder vorverlagern, der Rücken streckt sich, die Ellenbogen beugen sich wieder;

— wie oben, nur die Kopfbewegung betonter mit einbeziehen. Beim Runden des Rückens den Kopf tief auf die Brust senken, beim Aufrichten den Kopf weit zurück in den Nacken legen.

Release/Contraction im Wechsel

— Grätschsitz mit angezogenen Beinen, Arme seitlich diagonal nach vorn anheben, Oberkörper und Arme langsam vorstrecken, dabei die Arme wechselseitig aus der Schulter heraus vorziehen, dabei auch die Knie strecken, Contraction durch plötzliches Heranziehen der Ellenbogen an den Körper — Release, d. h. betontes Strecken der Wirbelsäule, Knie wieder anbeugen und die Fingerspitzen seitlich auf den Boden stützen, Kopf in den Nacken legen — Contraction, dabei Ellenbogen an den Körper heranziehen, Hände geballt;

— die rechte Hand an der rechten Seite aufstützen, das re Bein gestreckt unter das li Bein führen, dabei das Becken etwas vom Boden abheben, den linken Arm über den Kopf nach re strecken;

— auf den Bauch herumdrehen, die Arme lang nach vorne ausstrecken und mit den Unterarmen und den Unterschenkeln gleichzeitig locker auf und ab schlagen;

— plötzlich in den Kniestand kommen, die Hände heranziehen und aufstützen, dabei das re Bein hinten anheben bis zur Waagerechten, Kopf in den Nacken legen. Das re Bein zur Seite nach re führen, Kopf mit in die Richtung nehmen, dann das re Bein vor die re Hand führen und dort den re Fuß aufstellen. Das Becken auf die li Ferse senken, dabei Contraction, Arme nach vorne runden, Kopf senken, Gewicht wieder nach vorne, Release, Arme dabei nach hinten strecken, mit einer Vierteldrehung in den Stand kommen zur 2. Position. Mit einem kleinen Absprung und einem Klatscher zum Sitz am Boden zurück;

— Beine schließen, beide Knie anbeugen, die Hände umschließen die Knie, die Ellenbogen nach außen anheben, Kopf senken, Oberkörper aufrichten und mit beiden Händen seitlich auf den Boden tippen;

— Hände hinten aufstützen, Kopf in den Nacken legen — Release — Oberkörper wieder aufrichten, das re Knie anbeugen, dann das Bein hochstrecken;

— plötzliche Contraction, dabei beide Knie anziehen, Füße vom Boden abheben, Unterarme mit aufgestellten Händen anwinkeln;

— re Bein am Boden ausstrecken, den re Arm mit aufgestellter Hand nach vorne führen;

— dasselbe li;

— die Hände seitlich aufstützen und das re Bein im Bogen nach außen führen und auf den Boden legen, das li Knie anbeugen, den li Fuß auf den Ballen setzen und den li Ellenbogen auf das li Knie stützen, das Becken anheben und dabei den li Arm hochstrecken, die re Hand bleibt am Boden;

— halbe Drehung über re, eng zusammengekauert, dabei mit überkreuzten Füßen sich rw auf den Boden setzen, die Beine ausstrecken und sich langsam auf den Rücken legen, die Arme hinter dem Kopf ausstrecken;

— die Arme seitlich auseinanderführen bis zur Waagerechten, plötzliche Contraction, den Oberkörper und die Beine etwas anheben, dann sich eng zusammenziehen, den re Fuß über das li Knie heben, beide Füße sind am Boden, beide Ellenbogen diagonal anheben, die Fingerspitzen berühren einander, Kopf nach li drehen;

— den li Arm mit Schwung nach hinten führen, mit halber Drehung über li beide Hände am Boden aufsetzen, sich langsam zum Stand aufrichten —

das re Knie auf den Boden setzen, mit einer Vierteldrehung auch das li Knie auf den Boden (Kniestand);

— mit einer plötzlichen Streckung sich seitlich rechts auf den Boden legen, den re Arm nach oben ausstrecken, die li Hand vor dem Körper aufstützen, das li Knie anbeugen und den li Fuß vor dem re Knie aufsetzen, das li Bein und den li Arm hochstrecken, das Bein wieder senken und sich auf dem Bauch auf die li Seite umdrehen, den re Fuß vor dem li Knie aufsetzen, das re Bein hochstrecken und wieder senken, sich auf dem Bauch umdrehen;

— langsam die Hände an die Schultern heranziehen, den Oberkörper mit Release anheben, Hände am Boden lassen und im Plié in die 2. Position springen.

Dehnung, Streckung, Hüft- und Beinarbeit

Im Sitz:

— Langsitz, re Hüfte ein- und ausdrehen, re Knie an das Kinn heranführen, re Knie strecken und die Beine gestreckt senken;

— dasselbe li;

— das re Knie über das gestreckte li Bein führen, und zwar so weit, daß das Knie den Boden berührt — wieder zurückführen;

— dasselbe li;

— das re Knie über das li Bein führen und weiterdrehen bis zur Bauchlage;

— in der Bauchlage die Arme seitlich ausbreiten und die Schultern wechselseitig ein- und ausdrehen;

— die Hände bis zu den Schultern heranziehen, Becken etwas vom Boden abheben — Release — Kopf in den Nacken, danach Lende runden und die Stirn vorne aufstützen (Contraction);
— 2× im Wechsel: Release — Contraction;
— Zusammenziehen zum Fersensitz, Oberkörper auf den Knien, dann den Oberkörper nach re auf den Boden legen, Arme entspannt daneben;
— dasselbe li.

Im Kniestand:

Oberkörper aufrecht, Arme hängen herab
— die Arme über die Seite gerundet nach vorne führen, sich dabei auf die Füße senken (Contraction);
— die Hände vorne aufstützen, das re Bein waagerecht nach hinten anheben, Kopf in den Nacken, das re Bein zur Seite führen, Ellenbogen abbeugen und den Oberkörper so weit senken, daß das Kinn den Boden berührt. Den Oberkörper wieder aufrichten, das re Bein über die re Seite führen, Kopf nach re mitdrehen, das Bein weiterführen und vor der re Hand aufsetzen;
— eine schnelle halbe Drehung über re, dann sich auf den Boden setzen (durch die Drehung sind die Beine überkreuzt: re vor li, der re Fuß zeigt nach vorne, das re Knie nach oben, der li Unterschenkel liegt am Boden, das Knie zeigt nach re außen) — den Kopf auf das re Knie senken, beide Hände leicht am Boden aufstützen;
— den re Arm mit gespreizten Fingern lang nach oben strecken, die ganze re Seite wird gedehnt, die li Hand bleibt am Boden;
— den re Ellenbogen in das li Hüftgelenk ziehen, sich ganz eng zusammenziehen;
— wie oben, aber nun das Becken mit vom Boden abheben;
— wie oben, aber nun auch noch das re Bein waagerecht vom Boden abheben und nach vorne strecken (starke Spannung);
— mit Schwung sich über die li Seite auf den Bauch legen, die Hände bei den Schultern aufstützen;
— beide Arme strecken, Kopf in den Nacken — betonte Rückbeuge — beide Unterschenkel anbeugen und die Füße gegen den Kopf führen;
— die Arme am Boden nach vorne ausstrecken, die Unterschenkel wieder senken;
— kurz mit den Händen gegen den Boden klopfen und die Unterschenkel schnell nacheinander hochschlagen;
— sich nach hinten auf die Unterschenkel ziehen, beide Hände vorne aufstützen, dabei das re Bein gestreckt nach hinten anheben, das li Knie vom Boden abheben — das Gewicht ist auf dem li Fuß — das li Knie strecken, während das re Bein hochgehoben wird;

— den Kopf gegen den Boden senken, so daß eine große Diagonale entsteht;
— das re Bein wieder senken und mit beiden Füßen zu den Händen laufen und sich wieder zum Stand aufrichten — mit einer halben Drehung über li Front nach vorn.

In der Rückenlage:

Die einzelnen Übungen häufiger wiederholen und zum Abschluß als Folge ausüben.

— Contraction: die Arme anheben, die Knie anbeugen, etwas vom Boden abheben und wieder ausstrecken;
— die Bewegung erweitern durch engeres Zusammenziehen. Den Kopf dabei nach vorne und dann sich wieder am Boden ausstrecken;
— Release: aus der Rückenlage den Brustkorb vom Boden abheben, die Arme seitlich ausbreiten, Hände am Boden, Kopf in den Nacken und wieder ausstrecken;
— die Bewegung erweitern bis zum Aufrichten des Oberkörpers, die Beine sind gestreckt am Boden und den Oberkörper entspannt auf die Beine vorfallen lassen und wieder zurückrollen in die Rückenlage.

Im Sitz:

li Knie angebeugt, beide Hände umfassen das li Knie — das re Knie ist auch gebeugt, aber so, daß der Unterschenkel am Boden liegt, das Knie zeigt nach außen:

— den Oberkörper über das li Knie beugen, dann den Oberkörper wieder aufrichten — beide Arme ausbreiten und das li Bein gestreckt anheben. Wiederholung;
— nun über das re Knie beugen, den li Arm nach hinten ziehen — dann den li Arm diagonal nach re führen — gleichzeitig das li Bein gestreckt nach rw anheben, so daß eine große Diagonale entsteht — den Oberkörper mit nach vorn neigen;
— eine $^1/_2$-Drehung über re auf dem re Knie — das li Bein rw anheben — beide Hände auf den Boden stützen und nun das Gewicht vor- und zurückverlagern — dann mit $^1/_2$-Drehung über li wieder mit der Front nach vorn kommen — dabei zuerst das li Bein zur Seite setzen, dann die li Hand lösen und den Oberkörper aufrichten;
— beide Beine zur Grätsche — den Oberkörper vorneigen und dabei die Unterarme auf den Boden legen mit Nachfedern — dann die Arme mit einem Knipser nach vorn vorstrecken, dabei den Rücken strecken;
— in der Grätsche bleiben: mit dem re Arm 1 großen Armkreis ausführen, dabei den Oberkörper vor- und zurückneigen — dann den re Arm über dem re Bein vorstrecken — den li nach rw, so daß eine Diagonale entsteht. Die Wiederholung gegengleich;

- auf den Rücken zurückrollen, dabei die Beine hinter den Kopf führen, das li ist gestreckt, das re angebeugt — mit einem Schwung den Oberkörper wieder aufrichten und dabei die Arme nach oben strecken;
- beide Beine gestreckt anheben, dann nach re abgebeugt an den Boden legen — wieder anheben und die Beine an die andere Seite legen — mit einer $^1/_4$-Wendung des Oberkörpers nach re — beide Hände re auf den Boden stützen — das re Bein nach rw anheben, dann zurückziehen und zum Stand kommen, dabei in die 2. Position gehen und beide Arme ausbreiten und wieder senken.

Folge

Im Stand (1. Position) beginnen:

- das re Bein mit einem Fuß„wischer" nach vorne und dann im großen Bogen nach hinten schwingen (vom li Bein mit einem kleinen Sprung abdrücken), parallel dazu mit einem großen Armkreis re sich auf den Boden setzen, und zwar: re Bein hinter das li kreuzen und auf der re Gesäßhälfte landen, die re Hand ist hinten aufgestützt, der li Fuß vor dem re Unterschenkel aufgesetzt;
- aus dieser Haltung das Becken vom Boden abheben und das Hüftgelenk strecken, den li Arm nach oben strecken, die re Hand bleibt hinten aufgestützt — das Becken wieder senken, den li Ellenbogen zum li Hüftgelenk führen — Contraction;
- mit einer halben Drehung über re in die Knie-Kauerstellung drehen, mit einer weiteren Drehung sich auf den Rücken legen, am Boden lang ausstrecken, die Arme etwas diagonal nach hinten ausbreiten — den Oberkörper im Release zum Sitz aufrichten, die Arme bleiben hinten und werden langsam nachgezogen;
- erst den Oberkörper, dann die Arme nach vorn auf die Beine legen und wiederum zum Sitz aufrichten;
- im Sitz, Beine lang, mit dem re Arm einen großen Kreis von vorn nach hinten beschreiben, dann die re Hand hinten aufstützen;
- dasselbe li;
- Knie anbeugen, die Füße an den Körper heranziehen und das Becken vom Boden abheben, das re Bein nach oben strecken und wieder senken; das Becken bleibt angehoben;
- dasselbe li;
- das re Bein unter dem li nach vorne ausstrecken, das Becken wieder senken, die Hände bleiben hinten aufgestützt — beide gestreckten Beine in hohem Bogen nach re diagonal zur Seite auf den Boden legen, den Oberkörper kurz nach vorne auf die Beine und wieder aufrichten;
- dasselbe zur li Seite und gleich weiterdrehen zur Bauchlage;

— aufrichten zum seitlichen Sitz, d. h. Oberkörper aufrichten, li Hand aufstützen, das li Bein ausstrecken und das re angebeugt über das li Knie mit dem Fuß aufsetzen, den re Ellenbogen an die re Seite, der Unterarm und die re Hand zeigen nach außen, Kopf nach re, mit einer Vierteldrehung über li das re Knie auf den Boden setzen, mit einer weiteren Drehung über li den li Fuß aufsetzen und zum Stand kommen.

Folge **(32 Zählzeiten)**

Beginn: Im Stand in der 2. Position

1— 4 mit großer Spannung mit gestreckten Beinen auf Ballen stehen — die Arme seitlich hängen lassen — die Finger gespreizt;

5— 6 1 großer Ausfallschritt seitlich nach re — den re Arm diagonal anheben;

7— 8 eine plötzliche 1/4-Drehung über li — den Oberkörper aufrecht lassen — und auf das re Knie heruntergehen, dabei die re Innenhand vor das Gesicht nehmen (die Finger zeigen nach oben);

9—12 wieder zurückdrehen über re — Front ist wieder vorn — das li Bein gestreckt zur Seite nach li — beide Hände vorn aufstützen und den Oberkörper so weit vorneigen, daß die Stirn fast den Boden berührt (das re Knie ist am Boden);

13—16 am Boden über den Rücken rollen, dabei beide Beine nacheinander hochstrecken, dann auf dem li Knie landen — beide Hände auf den Boden stützen — Arme strecken und das re Bein rw anheben;

17—18 die re Hand lösen und eine Seitdehnung durch Anheben des re Armes und der ganzen re Seite nach oben ausführen;

19—20 sich ganz eng am Boden zusammenkauern;

21—22 nun Seitdehnung nach li — gegengleich wie 17—18;

23—24 wie 19—20;

25—28 den re Fuß aufstellen — den Oberkörper aufrichten — die Hände vom Boden lösen und mit der re Hand 2× nach vorn knipsen;

29—30 mit zwei Schritten vw gehen — ganz zur Streckung kommen;

31—32 auf dem re Ballen eine 1/2-Drehung ansetzen und das li Bein zur 2. Position setzen.

Folge **(12 x 8 Zählzeiten)**

1. 1— 2 aus dem Stand auf das re Knie gehen — der li Fuß ist vorn aufgestellt, die Arme nach rw strecken;

3— 4 plötzliches Vorfallen des Oberkörpers auf die Unterarme, die so am Boden liegen, daß die Fingerspitzen nach vorn zeigen. Das li Bein nach hinten strecken, leicht vom Boden abgehoben;

5— 8 die Hände bleiben am Boden — nun die Arme strecken — das li Bein hoch lassen.

2. 1— 4 Das li Knie ganz eng von hinten neben das re Knie legen — den Oberkörper aufrichten und nun das Gewicht so zurückverlagern, daß das Becken auf den Boden kommt. Den re Fuß schnell nach vorn durchziehen und aufstellen;

5— 8 beide Hände umfassen das re Knie — das re Bein am Boden vorstrecken — Kopf aufs Knie, den Oberkörper mit nach vorn.

3. 1— 4 Beide Knie kurz heranziehen — Füße vom Boden abheben — und die Beine gegrätscht diagonal zur Seite legen — Füße angewinkelt;

5— 8 gleichzeitig beide Arme seitlich ausbreiten mit aufgestellten Händen — dann 2× nur Hände und Füße nach unten abklappen und wieder aufstellen.

4. 1— 2 Sich eng zusammenziehen — Knie anbeugen, Füße aufstellen — gleichzeitig beide Hände auf die Schultern legen, so daß die Innenflächen zur Decke zeigen;

3 Arme und Beine (angewinkelte Füße) zur Decke strecken — Oberkörper bleibt aufrecht;

4 wieder senken — Hände auf die Schultern — Füße wieder auf den Boden setzen — Knie angebeugt;

5 re Bein am Boden ausstrecken — re Hand (aufgestellt) waagerecht vorziehen, dabei die re Schulter scharf mit vordrehen;

6 re Arm und re Bein wieder heranziehen;

7— 8 wie 5—6 mit li.

5. 1— 6 Beide Beine langsam nach vorn strecken — gleichzeitig beide Arme (mit aufgestellten Händen) nacheinander aus der Schulter heraus immer weiter vorschieben (re, li, re, li, re, li) Oberkörper mit vorneigen;

7— 8 auf 7 mit beiden Händen auf den Boden klopfen und auf 8 schnell den Oberkörper wieder aufrichten — Hände rw aufgestützt.

6. 1— 2 Das re Knie heranziehen — der re Unterschenkel liegt am Boden mit dem Knie nach außen — das li Bein gestreckt diagonal zur Seite legen — mit dem Oberkörper sich auf das re Knie neigen, den re Arm nach hinten — oben strecken — die li Hand umfaßt das li Fußgelenk;

	3— 4	Oberkörper aufrichten und den re Arm senkrecht hochstoßen;
	5— 6	das li Knie heranziehen — Contraction — den li Ellenbogen auf das li Hüftgelenk stoßen;
	7— 8	das li Bein wieder schräg vorstrecken am Boden, den li Arm hochstrecken, das Becken vom Boden abheben und den re Arm rw aufstützen auf die re Hand — der re Unterschenkel liegt weiter am Boden.
7.	1— 4	Das Becken wieder senken — Oberkörper aufrichten — das li Knie heranziehen und mit dem li Fuß 4× auf den Boden tippen nach re, dabei bis über das re Knie kommen, dabei die re Schulter mit zurückdrehen nach re — gleichzeitig den li Arm waagerecht nach vorn vorstrecken mit aufgestellter Hand;
	5— 6	den li Arm über die re Schulter weit nach hinten führen — Kopf dreht mit nach re;
	7— 8	sich ganz eng zusammenziehen und blitzschnell 1× um sich herumlaufen im tiefen Plié, dabei auf die re Hand stützen. Front ist wieder vorn — sich auf den Boden setzen;
		oder:
	7— 8	sich ganz eng zusammenziehen — das Becken vom Boden abheben — erst die re Hand, dann die li Hand auf den Boden stützen und sich dabei schnell herumdrehen bis die Front wieder vorn ist;
8. + 9.	1—16	Wiederholung von 6 + 7.
10.	1— 2	Beide Hände an der li Seite (in Hüfthöhe) aufstützen — beide Unterschenkel liegen am Boden, die Knie zeigen nach li;
	3— 4	das re Knie anheben und so ausdrehen, daß die Kniescheibe nach oben zeigt — den re Fuß angewinkelt;
	5— 8	das re Bein langsam strecken, dabei umfaßt die re Hand den re Unterschenkel.
11.	1— 4	Das gestreckte re Bein immer näher zum Kopf heranziehen;
	5— 8	plötzliche 1/4-Drehung über li — beide Hände aufstützen, auf das li Knie kommen und das re Bein gestreckt rw anheben.
12.	1— 8	Mit 1 großen Schwung das re Bein herumschwingen (über li nach vorn, li Schulter geht zurück), Front ist wieder vorn und auf beide Beine springen zum Stand.

7 Etüden und Gestaltungen

Exercise für die Etüde: ,,Schlängeln" (19)

1. Mit großen Schritten durch den Raum gehen.
2. Mit leicht abgefederten Wechselschritten (re, li, re — li, re, li) vorwärts gehen.
3. 1. und 2. miteinander verbinden (4 gr. Schritte, 2 Wechselschritte).
4. In die 2. Position springen mit gestreckten Beinen, dabei die Hände über dem Kopf zusammenschlagen — in Schrittstellung (re hinter li) in ein tiefes Plié gehen in Contraction und die abgebeugten Ellenbogen nahe beieinander in kleinen Kurven zum Boden ,,schlängeln" — die gefaßten Hände zeigen dabei nach oben. Die Beine dann wieder strecken und die Arme über die Seite wieder nach oben führen.
5. In der 2. Position, die Arme hängen seitlich herab, die re Schulter 1× kurz hochziehen und gleich wieder über rw fallen lassen (= 2 Zeiten), dann 1 Ausfallschritt nach li, Kopf wird mit nach li gedreht, und mit der li Hand 1× gegen den li Oberschenkel klopfen (wieder in 2 Zeiten).
6. Den Ablauf 5. erweitern durch Anheben des li Armes nach li außen mit 1 Knipser und dabei das Gewicht tief in das li Knie verlagern.
7. 3 Seit-Kreuzschritte nach re: re zur Seite, li kreuzt dahinter, re wieder zur Seite mit ,,Flügelschlag" (die Hände auf die Hüften legen und 4× die Ellenbogen zurück- und vorfedern), das gleiche nach li.
8. Einen großen Kreis gehen mit Frontveränderung: 2 Schritte, 1 Wechselschritt (2×), dann in die andere Richtung gehen, immer im Wechsel.

Alle Abläufe mehrere Male wiederholen.

7.1 Etüde: ,,Schlängeln"

Musik: Bohannon ,,Insides Out". Electrola C-062-96762.

Vorspiel 4 x 8 Zeiten

Teil A

Takt

I 1— 4 in der 2. Position mit herabhängenden Armen stehen — Gewicht in das re Knie und 4× mit der re Ferse gegen den Boden klopfen, dabei mit den Fingern knipsen

II 5— 8 dann 4× mit der re Hand gegen den re Oberschenkel klopfen

III—V 9—20 mit selbst zu wählenden Schritten frei im Raum gehen (z. B.: mit zwei Schritten und einem Wechselschritt leicht abgefedert)

VI 21—24 mit der Front sich nach vorn drehen und in der Position mit gestreckten Beinen federn

Teil B

Takt

I 1— 4 mit vier großen Schritten — frei im Raum — durcheinandergehen — die Arme pendeln lang durch

II 5— 6 mit einem Wechselschritt sich einem Partner zuwenden

7— 8 und in die 2. Position springen mit gestreckten Beinen, gleichzeitig die Arme nach oben anheben und die Hände über dem Kopf ineinanderschlagen

III 9—12 (Front in eine Richtung) in Schrittstellung (re hinter li), Contraction, tief ins Plié gehen und dabei die Arme zum Boden „schlängeln", d. h. die angewinkelten Ellenbogen — eng beieinander — werden in kleinen Kurven nach unten geführt, die Hände bleiben dabei gefaßt *(Abb. 1)*

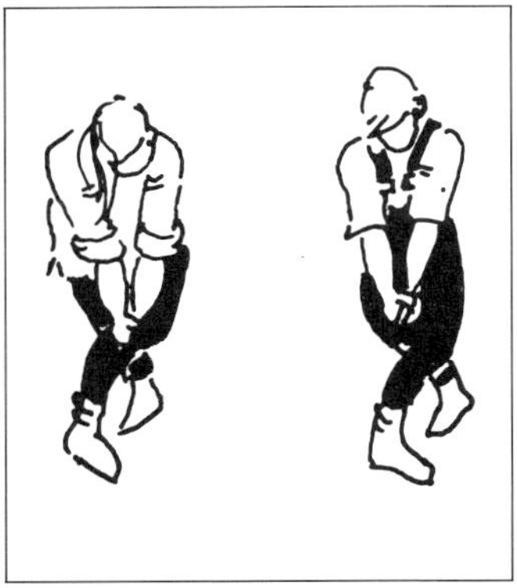

Abb. 1

Abb. 2

IV 13—16 die Hände lösen und mit den Fingerspitzen kurz gegen den Boden tippen, dann die Beine strecken und die Arme in einem weiten Bogen ausbreiten und seitlich senken

V 17 die re Schulter kurz anheben und zurückfallen lassen

18 mit li Bein einen Ausfallschritt sw, den Kopf nach li drehen

	19—20	den li Arm seitlich ausstrecken und 1× knipsen — Gewicht ins li Knie *(Abb. 2)*
VI	21—24	nach re sw 2 Seit-Kreuz-Schritte mit ,,Flügelschlag", d. h. die Hände auf die Hüfte legen und mit den Ellenbogen 4× zurück- und vorfedern
VII—VIII		einen großen Kreis über re gehen (mit Frontveränderung):
	25—26	2 Schritte
	27—28	1 Wechselschritt
	29—32	Wiederholung von 25—28.

7.2 Etüde: ,,Friday" (20)

Musik: J. J. Cale ,,5": Ariola Nr. 1766.

Vorspiel 4 × 8 Zeiten

Teil A

Takt		
I	1— 4	vier kleine Schritte mit Nachfedern im tiefen Plié vw gehen (re, li, re, li), dabei den Oberkörper etwas vorneigen, auf die ,,4" li Hand auf den Rücken legen, mit der re Hand nach vorn knipsen
II	5— 7	mit drei großen Schritten vw gehen (re, li, re), die Arme dabei durchpendeln, auf dem 3. Schritt mit Gewicht im Knie stehenbleiben, den Oberkörper vorneigen
	8	mit vorgestreckten Armen 1× in die Hände klatschen
III	9—12	in die 2. Position gehen, tiefes Plié, Contraction, beide Arme langsam seitlich ausbreiten *(Abb. 3)*
IV	13	re Bein kreuzt eng hinter li, beide Beine strecken und den re Arm senkrecht hochstoßen, li Hand auf den Rücken *(Abb. 4)*
	14	ins Plié gehen, beide Beine beugen, Contraction, dabei den re Ellenbogen an den Körper heranziehen, Finger zeigen nach oben, 1× knipsen
	15—16	in dieser Haltung 2× mit den Fersen auf den Boden klopfen, re Arm nach unten hängen lassen und auf ,,16" 1× knipsen
V—VIII	17—32	Wiederholung von Takt I—IV — Richtungswechsel!

Abb. 3

Abb. 4

Teil B

Takt		
I	1	mit re 1 großen Schritt nach re im Plié, dabei die Arme seitlich ausbreiten, Oberkörper vorneigen
	2	li kreuzt weit hinter re
	3— 4	nochmals wie 1 und 2
II	5— 6	$^{3}/_{4}$-Drehung li im Plié
	7— 8	beide Arme hängen lassen und aus den Schultern ,,schütteln" *(Abb. 5)*
III + IV	9—16	Wiederholung von Takt I—II

Abb. 5

Abb. 6

V	17—19	mit drei engen Kreuzschritten im Plié vw gehen (re, li, re), Schulter-Gegenbewegung, Oberkörper etwas vorneigen, Arme gegen den Boden
	und 20	mit kleinem Schrittsprung rw (auf **und** auf li zurück, auf 20 re zurück)
VI	21—24	wie 17—20, aber gegengleich beginnen
VII	25—28	mit 2 großen Wechselschritten sehr dynamisch vorwärtskommen
VIII	29—30	mit zwei Schritten vw (re, li)
	31—32	re zur Seite setzen zur 2. Position und mit gestreckten Beinen 2× federn *(Abb. 6).*

Nach der 3. Wiederholung von *Teil A* ist in der Musik ein Zwischenspiel von 1 x 4 Zeiten — dabei am Ort gehen und klatschen und dann erst den *Teil B* ausführen!

7.3 Etüde von Ela Klindt (21)

Musik: „Jaws" Lalo Schi frin (CTI 63001 Metronome) oder „Sexy" Universal Love (MFSB P/R 80410).

Teil A

Takt		
I + II	1— 8	acht Schritte leicht federnd vw laufen (vorderes Knie beugen, rückwärtiges Bein strecken — Arme gestreckt durchpendeln) (mit re beginnen)
III + IV	9—16	acht kleine Schritte federnd rw gehen, dabei 4× Schulterkreisen von vorn nach hinten, Hände seitlich auf die Oberschenkel legen
V	17—18	einen leichten Stampfer auf re, dann das li Bein gestreckt nach vorn schwingen *(Abb. 7)*
	19	li Bein zurückschwingen und rw auf Ballen setzen
	20	das re Bein mit einem großen Schritt nach re setzen zur 2. Position mit gestreckten Beinen. Die Arme in den Ablauf mit einbeziehen
VI	21—24	wie Takt V, aber mit li beginnen
VII	25—26	zwei Schritte sw gehen (re, li)
	27—28	ein Wechselschritt vw (re, li, re)
VIII	29—30	auf li 1× aufhüpfen und dabei das re Bein gestreckt nach vorn schwingen

Abb. 7

Abb. 8

31 das re Bein nach rw durchschwingen und gestreckt dort aufsetzen — den Oberkörper leicht vorneigen und das li Knie tief beugen

32 das Gewicht vorn lassen und 1× in die nach vorn gestreckten Hände klatschen *(Abb. 8).*

Teil B

Takt		
I	1— 2	zwei Schritte vw laufen (re, li)
	3— 4	in die 2. Position springen (mit den Füßen nacheinander: re, li)
II	5— 8	im tiefen Plié federn — mit den Händen dabei auf die Oberschenkel klopfen, die Fersen anheben und senken
III	9—10	im tiefen Plié bleiben und nur den Kopf nach re drehen und wieder nach vorn
	11—12	wie 9—10, aber nach li
IV	13—14	den re Arm mit einem Knipser weit nach außen stoßen — das Gewicht dabei mit nach re verlagern *(Abb. 9)*
	15—16	wie 13—14, aber mit dem li Arm nach li
V	17—18	in der 2. Position im tiefen Plié bleiben, Oberkörper aufrecht — $^1/_2$-Drehung des Oberkörpers nach hinten über die re Seite (Verwringung), dabei bleiben die Füße stehen, nur die li Ferse löst sich etwas vom Boden, und man dreht den Fuß etwas auf dem Ballen mit, so daß das li Knie nach

Abb. 9

Abb. 10

innen fallen kann — beide Arme seitlich ausbreiten (die Schultern müssen auf einer Ebene sein)

19—20 Front wieder nach vorn drehen — Hände auf die Oberschenkel

VI 21—24 wie Takt V, aber gegengleich, also über li drehen

VII 25—28 zwei Schritte (re, li) und einen Wechselschritt (re, li, re) sehr dynamisch vw gehen oder laufen

VIII 29—30 mit li einen Schritt vw und gleichzeitig auf dem li Ballen $^1/_2$-Drehung über li ausführen, dabei das li Bein strecken und das re Bein seitlich etwas anheben *(Abb. 10)*

31—32 das re Bein zur 2. Position setzen mit gestreckten Beinen — federn auf Ballen — die Arme hängen seitlich herunter — 2× knipsen.

7.4 Etüde: „Vicious Games“ (22)

Musik: Yellow Band „Desire“. Phonogram GmbH 822 820-1Qu Seite 1, 2. Stück.

Vorspiel 2 × 4 Zeiten

Teil A

Takt 1. Position

I 1— 2 mit re in die 2. Position gehen, tiefes Plié, dabei den Kopf nach li drehen, beide Hände auf die Oberschenkel legen

3— 4 Kopf nach re drehen

II	5— 8	in der 2. Position im Plié 2× nach vorn springen, beide Arme seitlich ausstrecken mit Knipsen
III	9—12	im Plié bleiben, re Bein kreuzt hinter li, li zur Seite, re wieder hinter li, dann li wieder zur Seite, Gewicht auf li, gleichzeitig den li Arm im Ellenbogen abgebeugt, mit gespreizter Hand am Gesicht vorbei nach li führen *(Abb. 11)*

Abb. 11

IV	13—16	eine ½-Drehung über re mit zwei großen Schritten (re, li), dabei mit dem re Arm einen weiten Bogen über re beschreiben und in der 2. Position mit gestreckten Beinen auf Ballen federn
V—VIII	17—32	Wiederholung von Takt I—IV in der Gegenrichtung.

Teil B

Takt		
I	1	mit re einen Schritt seitlich auf Ballen, dabei die re Schulter hochziehen, beide Arme hängen lassen, die Hände aufgestellt
	2	li an re heranstellen und die li Schulter dabei hochziehen
	3	nun im Plié wieder mit re zur Seite und dabei die Schulter tiefziehen
	4	li neben re setzen und die li Schulter senken
II	5— 8	Wiederholung von 1—4
III	9—10	li Bein zur Seite setzen, re kreuzt hinter li

	11—12	den Oberkörper etwas vorneigen, Plié, beide Arme nach vorn hängen lassen und aus der Schulter heraus durch Hoch- und Tiefziehen 3× „schütteln"
IV	13—14	li wieder zur Seite, zur 2. Position, tiefes Plié, Oberkörper vorneigen und beide Arme seitlich anheben, Hände hängen herab
IV	15—16	Oberkörper wieder aufrichten, Arme mit aufgestellten Händen seitlich senken, Beine gestreckt in der 2. Position
V—VIII	17—32	Wiederholung von Takt I—IV.

Teil C

Takt		
I	1— 4	in der 2. Position Gewicht ins re Knie, den Oberkörper schräg nach re neigen und dabei die re Schulter 2× kreisen
II	5— 8	langsam die Neigung verstärken und dabei die Schulter auf einer Ebene vor- und zurückbewegen, die Hände sind seitlich an die Oberschenkel gelegt
III + IV	9—16	wie Takt I + II, gegengleich
V	17—18	Gewicht im li Knie lassen und mit der re Hand vor dem li Fuß den Boden berühren, den li Arm hochstrecken *(Abb. 12)*

Abb. 12

	19—20	Gewicht ins re Knie und den re Arm diagonal nach re hochstrecken *(Abb. 13)*

Abb. 13

VI	21—22	das Gewicht auf re lassen, im Plié den Oberkörper vorneigen und den re Arm vor dem re Knie 1× hin- und herpendeln lassen
	23—24	mit einem großen Armkreis re (von innen nach außen) den Oberkörper wieder aufrichten, die Beine in der 2. Position strecken und den re Arm an der re Seite senken
VII + VIII	25—32	Wiederholung von Takt V + VI gegengleich.

Teil D

Takt		
I	1— 4	sehr dynamisch diagonal nach re vw gehen, mit drei großen Schritten (re, li, re), dann li Ferse nach vorn aufsetzen, Gewicht ins re Knie und beide Arme etwas nach vorn anheben mit 1 Knipser
II	5— 8	wie 1—4 nach li vw gehen, mit li beginnen
III	9—12	mit zwei Wechselschritten im Plié rw gehen, dabei den li bzw. den re Ellenbogen an den Körper ziehen, Contraction
IV	13—16	eine ganze Drehung mit vier großen Schritten rw über re, Front wieder nach vorn
V—VIII	17—32	Wiederholung von Takt I—IV.

7.5 Etüde von Ela Klindt (23)

Musik: Sexy. Philipisound Universal Love CBS PIR 80410.

Vorspiel 2 x 8 Zeiten

Teil A

Takt		
I	1— 2	in die 2. Position springen — nacheinander re, li — Plié — und 2× auf die Oberschenkel klopfen, dabei die Fersen anheben und wieder senken
	3— 4	im Plié bleiben — die Hände auf die Hüftgelenke legen und mit dem angewinkelten Ellenbogen 2× „Flügelschlag“ *(Abb. 14)*, d. h.: die Ellenbogen zurück- und wieder vorfedern)

Abb. 14

Abb. 15

II	5— 8	Wiederholung von Takt I
III	9—12	in der 2. Position bleiben, das Gewicht langsam in das re Knie verlagern und dabei die re Hand von der Schulter aus nach re außen führen *(Abb. 15)*
IV	13—16	die re Hand auf die re Hüfte legen — das Gewicht in das li Knie verlagern, den li Arm hängen lassen und die Schulter 2× kreisen
V—VIII	17—32	Wiederholung von Takt I—IV.

Teil B

Takt		
I	1— 2	tiefes Plié in der 2. Position — die re und die li Hand nacheinander nach oben in die Senkrechte stoßen *(Abb. 16)*, Fäuste machen
	3— 4	die Hände nacheinander öffnen, dabei die Finger spreizen
II	5— 8	die gestreckten Arme langsam seitlich senken, dabei die Beine strecken und auf Ballen federn
III + IV	9—16	Wiederholung von Takt I—II

Abb. 16

Abb. 17

Abb. 18

Abb. 19

V	17—18	2. Position — das gestreckte re Bein kreuzt mit Gewicht über li, dabei wird das re Bein in der Hüfte eingedreht und die re Hüfte etwas vorgeschoben, beide Arme seitlich ausbreiten *(Abb. 17)*, auf 18 das Gewicht auf den li Fuß zurückverlagern
	19—20	das re Bein mit Schwung von der Hüfte aus nach rw führen und hinter li aufsetzen *(Abb. 18)*. Dabei die Arme von der Schulter aus eingedreht nach hinten führen, auf 20 das Gewicht auf li verlagern
VI	21—24	wie Takt V
VII	25—28	zwei große Schritte im Plié (Contraction) vw gehen — die Unterarme angewinkelt nach vorn anheben und 2× mit den Fingern knipsen *(Abb. 19)*
VIII	29—32	mit vier Schritten rw gehen mit Schulter-Gegenbewegung.

Teil C

Takt		
I	1— 2	das re Bein kreuzt über li mit Gewicht, dabei tief ins Plié gehen und den Oberkörper etwas vorneigen, der re Arm „pendelt" nach li (dabei wird das li Bein etwas abgehoben), die li Hand auf den Rücken legen — auf 2 den li Fuß wieder aufsetzen *(Abb. 20)*
	3— 4	mit dem re Bein weit nach re außen auftippen, aber das Gewicht auf li lassen im Plié — den re Arm nach re außen

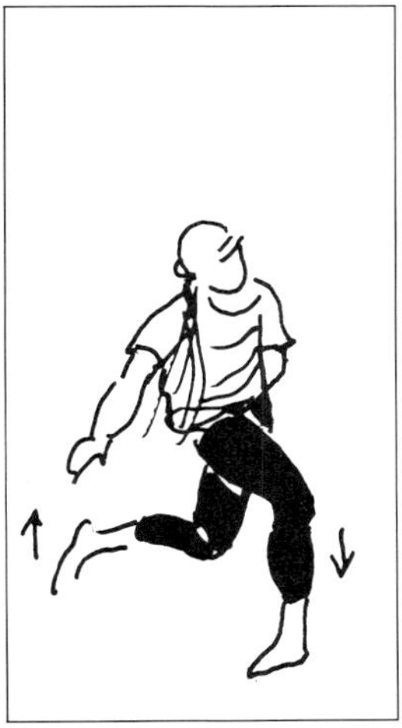

Abb. 20

Abb. 21

Abb. 22

		„pendeln", dabei die li Ferse etwas anheben und wieder senken — den re Arm außen lassen *(Abb. 21)*
II	5— 6	wie oben 1—2
	7— 8	in der 2. Position im tiefen Plié mit einem seitlichen Wechselschritt (Cha-Cha-Cha) (re, li, re) nach re gehen, dabei den Oberkörper etwas aufrichten, die Ellenbogen an den Körper herannehmen und die Finger spreizen
III + IV	9—16	Wiederholung von Takt I—II, aber gegengleich.
		In der Vorwärtsbewegung
V	17—20	mit zwei großen Schritten (re, li) und einem Wechselschritt (re, li, re) vw laufen
VI	21—22	auf li aufstampfen und etwas abhüpfen und gleichzeitig das re Bein gestreckt vorschwingen
	23—24	das re Bein zurückschwingen und mit der Fußspitze rw aufsetzen *(Abb. 22)*, dann mit $^1/_4$-Drehung über re wenden — auf beiden Ballen federn in der 2. Position — dabei die Arme hängen lassen und 1× knipsen
VII	25—28	mit 1 großen Schritt re zur Seite gehen, dann kreuzt li über re — wieder zur Seite und mit li kreuzen, dabei die Arme seitlich auseinandernehmen und den Oberkörper etwas vorneigen
VIII	29—32	mit drei großen Schritten eine Kurve über re gehen, so daß die Front wieder vorn ist, dann in der 2. Position auf Ballen stehen und federn.

Den gesamten Ablauf, Teile A-B-C, noch 3× wiederholen. Als Anregung für den Teil C: bei der 2. und 3. Wiederholung ein Boden-Exercise einfügen, das die Schüler selber entwickeln.

7.6 Kleine Tanzgestaltung „Desire" (24)

Musik: Yellow Band „Desire". Phonogram GmbH Hamburg L§ 822 820 — IQu.

Einzeln im Raum verteilt stehen in verschiedenen Richtungen. Gestreckte Beine — Kopf gesenkt. Bei der Einleitung der Musik langsam den Kopf heben *in 2 × 4 Zeiten,* dann mit der re Hand gegen den re Oberschenkel klopfen und danach mit der re Ferse gegen den Boden (je 4×).

Beim Beginn der Melodie frei im Raum durcheinandergehen *(2 x 8 Zeiten),* Schrittarten selber wählen. Abschließend alle die Front nach vorn und ohne Pause gleich mit dem Teil A beginnen.

Anmerkung: Die halbfetten Zahlen bedeuten Akzent geben!

Teil A

Takt

I 1— 3 re Bein kreuzt eng hinter dem gestreckten li Bein, dabei 3× mit dem re Ballen auf den Boden klopfen. Die Arme hängen seitlich herunter

\+ 4 in die 2. Position springen auf Ballen — nacheinander re, li —, dabei die Arme senkrecht hochstrecken, die Hände überkreuzen sich über dem Kopf *(Abb. 23)*

II 5— 6 2 Schritte rw gehen (re, li) und dabei die abgewinkelten Ellenbogen eng am Körper nach hinten durchziehen *(Abb. 24)*

Abb. 23

Abb. 24

Abb. 25

Abb. 26

	7—**8**	2 Schritte vw gehen und dabei auf **8** mit den Händen nach vorn knipsen, die Arme weit vorstrecken
III	9—10	1 ganze Drehung in 2 Schritten nach re (re, li)
	11—12	1 Ausfallschritt nach re, Gewicht ins re Knie und den re Arm zur Seite nach re ausstrecken, dabei den Kopf auf den re Oberarm legen und gleichzeitig das li Bein seitlich anheben, so daß eine Diagonale entsteht *(Abb. 25)*
IV	**13**	mit $^1/_4$-Drehung des ganzen Körpers nach li den li Fuß mit 1 großen Schritt vw aufsetzen
	14	nun mit re 1 großen Schritt vw und dabei den re Arm mit 1 Knipser nach vorn ausstrecken *(Abb. 26)*
	15—16	mit einer weiteren $^1/_4$-Drehung über li den li Fuß zur Seite setzen zur 2. Position — auf **16** das Gewicht auf beide Beine verlagern — Hände seitlich fixieren
V—VIII	17—32	Wiederholung von Teil A in der Gegenrichtung.

Teil B		Im Karree
Takt		
I	1— 4	mit 2 großen Schritten (re, li) und 1 Wechselschritt (re, li, re) sehr dynamisch vorwärtsgehen
II	5— 6	$^1/_4$-Drehung über li mit 1 großen Schritt (li) rw gehen
	7— 8	und mit weiteren 2 Schritten rw gehen (re, li), dabei die Arme gestreckt nach hinten durchziehen *(Abb. 27)*
III	9—12	mit 2 großen Wechselschritten vw gehen — etwas diagonal nach re und nach li (re, li, re — li, re, li), dabei die Arme

Abb. 27

mit einbeziehen — zuerst den li Arm tief vor, re zur Seite, dann umgekehrt

IV 13—16 2 Schrittsprünge diagonal vw: re, li — re, li

V—VIII 17—32 mit $^{1}/_{4}$-Drehung über li Wiederholung von Takt I—IV, abschließend Front wieder nach vorn.

Teil C

Takt

I 1— 2 2 großen Schritte vw gehen (re, li)

3 das re Knie vorn anheben und 1× mit der re Hand auf das Knie klopfen *(Abb. 28)*

4 das re Bein nach rw durchziehen und mit der Fußspitze auf den Boden tippen, gleichzeitig den re Arm waagerecht nach vorn ausstrecken, so daß eine Diagonale von vorn nach hinten entsteht, das Gewicht ist auf li — das li Knie tief abbeugen *(Abb. 29)*

Abb. 28

Abb. 29

Abb. 30

II 5— 6 mit 2 großen Schritten vw gehen — während des Vorwärtsgehens $^{1}/_{4}$-Drehung über li ausführen, dabei auf dem re Ballen drehen und mit li re überkreuzen — gleichzeitig zu einem großen Armkreis ansetzen — beide Arme überkreuzen sich dabei oben über dem Kopf *(Abb. 30)*, dann die Arme senken, bis zur Waagerechten ausbreiten

7 das Gewicht mit 1 Schritt nach re ins re Knie verlagern und den re Arm weit nach re außen ziehen

	8	in der 2. Position das Gewicht und den li Arm weit nach li verlagern
III	**9**—10	Front wieder nach vorn drehen und mit 1 großen Katzenschritt re vw gehen, dabei die li Schulter stark nach vorn drehen und den re Arm nach hinten durchziehen
	11—12	mit li einen Katzenschritt und alles gegengleich ausführen
IV	13—14	2 große Schritte mit Schultergegenbewegung vw gehen (re, li)
	15	mit re tiefen Ausfallschritt nach vorn
	16	über li $^{1}/_{2}$-Drehung (nur auf Ballen drehen — beide Knie gebeugt)
V—VI	17—24	wie oben (Teil C) Takte I + II in Gegenrichtung
VII	25	in der 2. Position das Gewicht ins re Knie verlagern, den Oberkörper mit nach re drehen *(Abb. 31)*
	26	sehr energisch sich nach li wenden mit $^{1}/_{2}$-Drehung des Oberkörpers — Gewicht in li Knie und beide Arme mit einem Knipser nach unten stoßen *(Abb. 32)*
	27—**28**	auf dem li Ballen drehen und $^{1}/_{2}$-Drehung des Oberkörpers über re ausführen — Gewicht ins re Knie — wieder in der 2. Position — und die Arme mit 1 Knipser nach unten stoßen
VIII	**29**—32	mit 3 Schritten (li, re, li) die Front wieder nach vorn drehen, dabei einen kleinen Bogen über rw gehen und in der 2. Position abschließen.

Abb. 31

Abb. 32

7.7 Tanzgestaltung „And She Was“ (24)

Musik: Gruppe Talking Heads. Nr. 1 C 064 240352 I LP.

	Vorspiel 2 x 8 Zeiten
1	in der 2. Position stehen, Gewicht ins re Knie, den re Fuß mit der Fußspitze seitlich aufsetzen, Kopf nach rechts drehen
2	re Ferse senken
3— 4	gegengleich wiederholen
5— 6	Plié in der 2. Position, mit beiden Händen auf die Oberschenkel klopfen
7— 8	Arme und Beine strecken, mit beiden Händen 2× über dem Kopf klatschen
9—16	Wiederholung von 1—8.

Teil A

Takt		
I	1— 4	mit 2 Schritten vw gehen, dabei in den Knien 1× nachfedern (re, li)
II	5— 6	2 Schritte dynamisch vw gehen (re, li)
	7— 8	$^{1}/_{4}$-Drehung über re und dabei das re Bein weit nach re setzen, Gewicht ins Knie und den re Arm waagerecht seitlich anheben, li Hand auf der li Hüfte
III	9—10	$^{1}/_{4}$-Drehung über li in die 2. Position Plié, beide Arme gestreckt nach hinten anheben
	11—12	und am Oberkörper entlang senkrecht nach oben strecken
IV	13—16	diagonal nach li vw gehen (li, re, **li**), dabei den re Arm bis zur Waagerechten senken, den li Arm auf den Rücken legen
V	17—20	Sprung nach re (re zur Seite, li dahinter setzen), tiefes Plié, gleichzeitig beide Arme durch die Tiefe nach re bis zur Waagerechten führen (auf 20 1× knipsen)
VI	21—24	$^{1}/_{2}$-Drehung über li, nur auf den Füßen drehen, im Plié bleiben, den li Arm über oben zur Seite nach li und auf 24 1× auf die li Hüfte klopfen, Gewicht ist auf li
VII	25—28	1 Kreuzschritt seitwärts nach re (re, li, **re**)
VIII	29—32	$^{1}/_{2}$-Drehung über li (li, re, li), in die 2. Position.

Teil B

Takt		
I	1— 2	in der 2. Position Gewicht ins li Knie, tiefes Plié und die re Hand vor dem li Fuß aufsetzen
	3— 4	Gewicht nach re und den li Arm diagonal nach re oben strecken
II	5— 8	wieder die re Hand vor den li Fuß und 3x kurz auftippen
III	9—10	$^1/_2$-Drehung über re mit 2 großen Schritten (re, li)
	11—12	re hinter li setzen, verharren
IV	13—14	Schultergegenbewegung am Ort
	15—16	den re Arm gestreckt gegen den Boden senken und 2x aus der Schulter schütteln, dabei den Oberkörper etwas vorneigen, Plié
V	17—18	1 großer Wechselschritt diagonal nach re vw (re, li, **re**)
	19—20	2 große Schritte vw gehen (li, re)
VI	21—22	Gewichtsverlagerung in der 2. Position nach li
	23—24	dann nach re
VII	25—28	gegengleich wie 17—20
VIII	29—32	mit 2 Schritten über re eine $^1/_2$-Drehung in die 2. Position, auf beiden Beinen federn.
		Wiederholung von Teil B

Teil C

Takt		
I	1— 2	mit li 1 Schritt vw
	3— 4	mit re 1 Schritt vw und in ein tiefes Plié gehen, dabei beide Hände über dem Kopf gefaßt, Release, Kopf in den Nacken
II	5— 6	auf li etwas vorspringen, dabei das re Bein in der Luft nach rw abwinkeln, Oberkörper etwas vorneigen, beide Arme über unten nach rw führen
	7— 8	mit dem re Fuß auf den Boden tippen
III	9—10	plötzliche $^1/_4$-Drehung, 2. Position, tiefes Plié, Arme seitwärts, beide Hände nacheinander „abklappen" („Jazzhände")
	11—12	mit beiden Händen auf die Oberschenkel klopfen
IV	13—14	beide Arme mit 1 Knipser nach vorn
	15—16	Hände wieder an die Oberschenkel, 1× mit den Fersen aufklopfen (15), den Kopf nach li drehen (16)

V—VI	17—24	den re Arm waagerecht zur Seite anheben, Kopf li lassen, im Bogen eine 3/4-Drehung nach li bis zur Gegenrichtung nach li gehen (Schritt, Schritt, Wechselschritt — Schritt, Schritt, Wechselschritt)
VII	25—28	li aufstampfen und das re Bein zur Seite hochschwingen und eng vor li aufsetzen, Plié
VIII	29—32	wie 25—28.

Wiederholung von Teil C in Gegenrichtung.

Zwischenspiel von 2 x 8 Zeiten

1— 4	mit 2 großen Schritten vw federn (re, li)
5— 8	mit 4 Schritten rw gehen
9—12	Gewichtsverlagerung nach re und li in der 2. Position, Arme seitlich ausbreiten
13—16	große Streckung in der 2. Position — beide Arme diagonal hochstrecken.

Abfolge von ,,And She Was''

Vorspiel (2 x 8 Zeiten)

A	1—32 (ohne Wiederholung)
B	1—32 (mit Wiederholung 33—64)
C	1—32 (mit Wiederholung 33—64)

Zwischenspiel (2 x 8 Zeiten)

A	1—32 (ohne Wiederholung)
B	1—32 (mit Wiederholung 33—64)
C	1—32 (ohne Wiederholung)

Zwischenspiel (2 x 8 (Zeiten) als Abschluß.

7.8 Tanzgestaltung ,,Feel Good, Party Time'' (26)

Musik: Baby Record. BR 50225, Seite 2.

Teil A

Takt

I	1— 4	2. Position, dann mit 3 eng gekreuzten Schritten auf Ballen vw gehen (1 = re über li, 2 = li über re, auf re verhalten). Arme auf Schulterhöhe anheben, Ellenbogen nach außen, Fingerspitzen berühren sich vor dem Körper. Bei jedem Schritt Schultergegenbewegung *(Abb. 33)*

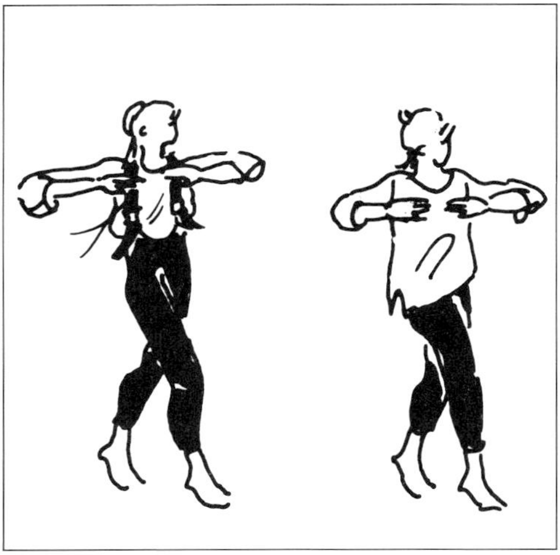

Abb. 33

Abb. 34

II	5— 8	wie 1—4, gegengleich
III	9—12	Arme seitlich ausbreiten und nach re gehen: re seitwärts li kreuzt vor re (10), Gewicht ins gebeugte li Knie, dabei neigt sich der Oberkörper leicht nach re. Den re Arm senkrecht zum Boden senken, den li Arm diagonal nach oben, mit herabfallender Hand *(Abb. 34)*
IV	13—14	Oberkörper wieder aufrichten, mit 2 Schritten (li, re) $^{1}/_{2}$-Drehung über li zur 2. Position
	15	in die Hände klatschen (vor dem Körper)
	16	Arme seitlich ausbreiten und sich auf Ballen heben
V—VIII	17—32	Wiederholung von Takt I—IV in Gegenrichtung.

Teil B

Takt

I	1— 4	Mit 2 Schritten (re beginnend) ins Plié — Oberkörper in Contraction vorgeneigt, Arme nach vorn angehoben, im Ellenbogen gebeugt, mit Auf- und Abfedern (bei jedem Schritt) knipsen. 2 Schritte rw (3—4), Ellenbogen nach hinten durchziehen
II	5— 7	mit 3 großen Schritten, Arme lang durchpendelnd in Gegenbewegung, vw gehen (re, li, re)
	8	Gewicht ins re Knie und mit einem Klatscher die Arme nach vorn anheben

III 9—12 li Fuß mit leichtem Sprung zur Seite setzen (9), re kreuzt eng vor li (10), tiefes Plié, Oberkörper in Contraction, re Arm hängen lassen, Fingerspitzen berühren den Boden nah beim li Fuß, li Arm auf dem Rücken, (11—12) mit re Fingerspitzen 2× gegen Boden tippen *(Abb. 35)*

IV 13—16 mit einem weiteren Kreuzsprung (re seitwärts, li eng vor re) Beine strecken, re Arm (15—16) senkrecht hochführen, dabei sich auf Ballen heben

V—VIII 17—32 $^{1}/_{2}$-Drehung über re (17) und Wiederholung von Takt I—IV in Gegenrichtung.

Abb. 35

Teil C

Takt

I 1 Mit weitem Sprung $^{1}/_{4}$-Drehung über re, mit seitlichem Anheben der Arme bis in die Waagerechte, auf re Fuß, dabei das li Bein abspreizen, leicht vom Boden abgehoben

2 li Fuß hinter re kreuzen

3 wieder auf re springen (wie 1)

4 li neben re aufsetzen

II 5— 8 seitwärts (re) — li kreuzt hinter re (6) — re seitwärts (7), li Fuß an re anstellen (8)

III 9—10 $^{1}/_{2}$-Drehung über li mit 2 Schritten (li, re) zur 2. Position

11—12 2× auf Ballen federn

IV 13—16 re hinter li kreuzen, in 4 Zeiten in tiefes Plié, Oberkörper in Contraction

V—VIII	17—32	ohne die $^{1}/_{4}$-Drehung Wiederholung von Takt I—IV, nach re.

Teil D

Takt		
I	1— 2	großer Wechselschritt diagonal nach re vw (re, li, re), dabei den re Arm seitwärts, li Arm nach vorn gestreckt
	3— 4	gegengleich
II	5— 6	re rw mit Gewicht ins Knie, li Bein gestreckt auf Ferse, Ballen gehoben
	7— 8	dasselbe li. Angewinkelte Arme, Ellenbogen nah an den Hüften, Arme in Gegenbewegung zu den Schritten. Contraction
III	9—12	in 2. Position, in tiefem Plié, 2× vorspringen, dazu knipsen
IV	13—14	immer noch 2. Position, li Schulter zurückdrehen (Verwringung), re Hand auf li Hüfte, li Hand über Rücken bis gegen re Hüfte
	15	nach vorn drehen mit Klatscher
	16	beide Arme nach vorn mit Knipser
V—VIII	17—32	Wiederholung von I—VI.
		Dann wieder Teil A.

7.9 Tanzgestaltung: „I've seen that face before . . ." (27)

Musik: Super Sound Single. Grace Jones (Island 600 366—213).

	Vorspiel 4 x 8 Zeiten
1— 8	4× federn in der 1. Position im Plié
9—16	4× federn in der 2. Position mit gestreckten Beinen
17—20	mit 1 Schritt nach re Gewicht ins re Knie, dabei den li Arm langsam nach re diagonal ausstrecken und 3× mit der li Hand knipsen
21—24	Gewicht ins li Knie und nun mit der re Hand **1**× diagonal nach vorn knipsen
25—32	wie 17—24.

Teil A

Takt		
I	1— 3	in der 2. Position die re Hüfte nach re außen verlagern und 2× mit der re Hand gegen die Hüfte klopfen (auf 1 und 3)
	4	die li Hüfte nach außen verlagern und mit der li Hand 1× auf die Hüfte klopfen
II	5— 8	wie 1—4
III	9—10	mit 1 Schritt nach re den Kopf scharf nach re drehen, Gewicht ins re Knie
	11—12	den re Arm mit 1 Knipser nach re außen stoßen
IV	13—16	gegengleich nach li (wie 9—12)
V + VI	17—24	den Oberkörper langsam tief nach unten senken. Kopfkreisen von li nach re, tiefes Plié, Hände auf die Oberschenkel
VII + VIII	25—30	ins Release gehen, Kopf weit zurück in den Nacken, dabei beide Arme gestreckt nach hinten zurückziehen
	31—32	den Oberkörper wieder aufrichten.

Wiederholung von Teil A.

Abb. 36

Abb. 37

Teil B

Takt		
I	1— 2	2 Schritte rw (re, li)
	3— 4	1 großen Schritt vw (re) ins Plié gehen und dabei den re Arm senkrecht hochstrecken

II	5— 8	gegengleich (den re Arm senken bei den Rückschritten)
III	9—10	Mit 1 großen Schritt nach re zur Seite
	11—12	li kreuzt gestreckt hinter re, den Oberkörper leicht vorneigen und die li Hand gegen die re Schulter legen *(Abb. 36)*
IV	13—16	Arme weit ausbreiten und mit 3 Schritten über li eine $^1/_2$-Drehung ausführen und in der 2. Position stehen bleiben, die Arme mit 1 Knipser senken
V—VIII	17—32	Wiederholung von Teil B I—IV.

Teil C[1]

Takt

I	1— 4	1 langsamen Wechselschritt nach re (re, li, **re**), dabei 1 großen Armkreis re ausführen (über außen nach innen) und dann den re Arm waagerecht zur Seite nach re ausstrecken *(Abb. 37)*
II	5— 6	1 Schritt nach li
	7— 8	re kreuzt über li, beide Arme ausbreiten
III + IV	9—16	gegengleich wie Takt I + II
V + VI	17—24	re Fuß vorsetzen und in ein tiefes Plié gehen, dabei die Arme seitlich ausbreiten
VII+VIII	25—32	mit beiden Armen — nacheinander — Kreise beschreiben von vorn nach hinten (Windmühlenflügel!), dabei sich wieder aufrichten, d. h. zuerst den Oberkörper etwas zurückneigen, dann wieder senkrecht.

Teil C[2]

Takt

I	1— 2	mit dem li Fuß kurz aufstampfen, dann das re Bein vorhoch schwingen, beide Arme über dem Kopf gekreuzt
	3— 4	einen Ausfallschritt vw mit re, tief ins Plié, Release, Kopf in den Nacken und beide Hände hinter dem Rücken gefaßt *(Abb. 38)*
II	5— 8	2 Schritte vw gehen mit Schulter-Gegenbewegung (li, re)
III + IV	9—16	1 Wechselschritt diagonal vw nach li, dabei die Arme so anheben, daß der re Arm waagerecht vor, der li seitlich angehoben ist, den 2. Wechselschritt in Gegenrichtung
V	17—20	4 Schritte nach li diagonal vw gehen (li, re)
VI	21—24	mit einem weiteren Schritt li vw, dabei die li Hüfte nach li verlagern und den li Arm senkrecht hochstrecken

Abb. 38

VII	25—28	nach re gehen mit 2 Schritten, den Oberkörper dabei etwas vorneigen und den li Arm senkrecht vor dem Körper 1× hin- und her„pendeln"
VIII	29—32	mit Armschwung li eine 1/2-Drehung über re, dabei den Oberkörper wieder aufrichten (mit 4 Schritten in die 2. Position.
		Wiederholung von C^1 und C^2
		In Gegenrichtung.
Teil D		Als Zwischenspiel . . .
Takt		
I	1— 4	in der Vorwärtsbewegung: 2 Schritte vw (re, li) und 1 Wechselschritt (re, li, re), dabei die Arme seitlich ausbreiten
II	5— 8	2 Schritte rw (li, re), dann über li eine 1/2-Drehung mit 3 Schritten
III + IV	9—16	Wiederholung von Takt I + II in Gegenrichtung.

7.10 Tanzgestaltung „Jump" (28)

Musik: Pointer Sisters Brea. Nr. FL 84705 „Jump".

Vorspiel 2 x 8 Zeiten

1— 4 re zur Seite, li dahinter kreuzen, re wieder zur Seite (3—4)

5— 8 in der 2. Position hin und her verlagern, li (5—6) re (7—8)

1— 4 gegengleich wie oben 1—4

5— 8 verlagern nach re und li
abschließend in der 2. Position die Arme hochstrecken.

Teil A^{1}

Takt

I 1— 2 mit 2 Schritten eine ganze Drehung über re in Vorwärtsrichtung (re, li)

3— 4 2 Schritte vw laufen (re, li)

II 5— 6 1 Schritt re vw, li Knie hochziehen, re auf Ballen, beide Arme senkrecht hochstrecken und die Hände „abklappen" *(Abb. 39)*

Abb. 39

Abb. 40

7— 8 li Fuß aufsetzen, tiefes Plié und das re Bein rw durchziehen und aufsetzen, Oberkörper vorneigen, beide Arme nach hinten, 1× knipsen

III 9—10 1 Seitschritt nach re und li danebensetzen

11—12 re wieder zur Seite, tiefes Plié (re), re Arm anheben, Ellenbogen nach außen, Hand vor Gesicht mit Innenseite nach außen *(Abb. 40)*

IV 13—16 1 großer Schritt nach li, re kreuzt hinter li, den Oberkörper leicht vorneigen und beide Arme nach vorn hängen lassen, aus den Schultern schütteln

Abb. 41

V	17—20	nach re diagonal vw gehen (re, li, **re**), dabei beide Arme bis über den Kopf anheben, Hände gefaßt, das li Knie nach innen fallen lassen (nach re) *(Abb. 41)*
VI	21—24	wie V, gegengleich
VII	25—28	mit den gefaßten Händen über die re Seite durch die Tiefe schwingen, gleichzeitig $^1/_2$-Drehung über re mit 2 großen Schritten (re, li), Arme ausbreiten und senken (3), in 2. Position (3—47)
VIII	29—**32**	mit 3 Schritten vw gehen (re, li **re**), auf 32 mit li zur 2. Position, Arme senken
IX—XVI		Wiederholung von Teil A^1 in Gegenrichtung. Zwischenspiel von 2 x 8 Zeiten.
	1— 4	re zur Seite, li heranziehen, re wieder zur Seite und auf 4 gegen die re Hüfte klopfen
	5— 6	$^1/_4$-Wendung des Oberkörpers nach li, mit li Bein einen großen Ausfallschritt, Kopf mit nach li drehen und mit ausgestrecktem li Arm 1× knipsen
	7— 8	den Schritt (li) erweitern und noch 1x knipsen
	9—16	Wiederholung von 1—8.

Teil B^1

Takt

I	1— 4	mit 3 Schritten vw gehen (re, li, re), auf 4 das li Bein nach vorn schwingen, dabei den Oberkörper vorneigen, mit beiden Händen nach vorn knipsen

	5— 8	3 Schritte rw gehen (li, re, li) und auf **8** mit der re Hand auf das angehobene re Knie klopfen
III + IV	9—16	Wiederholung von 1—8
V	17—20	in der 2. Position das Gewicht ins re Knie verlagern und mit leichter Seitbeuge nach li den re Arm senkrecht anheben, den li Arm hängen lassen
VI	21—24	mit 1/4-Drehung über li den li Fuß vorsetzen, re kreuzt hinter li, beide Arme seitwärts weit ausstrecken, Beine gestreckt
VII + VIII	25—28	tief ins Plié gehen und sich langsam wieder aufrichten (29—32)
	29—32	mit Schultergegenbewegung (25—32).

Teil B^2

Takt		
I	1— 4	in dieser Richtung das Gewicht in der 2. Position nach re (1—2) und li (3—4) verlagern
II	5— 8	einen Seitkreuzschritt nach re (re, li, re) und auf den letzten Schritt 1/4-Drehung über li, 2. Position (8), die Front ist jetzt in Gegenrichtung
III	9—12	in der 2. Position den re Arm senkrecht hochstrecken, Gewicht ins re Knie
IV	13—16	eine große Kurve über li gehen, sehr dynamisch, mit 2 Schritten (li, re) und einem großen Schritt li (15—16)
V + VI	17—24	die Kurve weitergehen (wie IV, 2× wiederholen)
VII	25—28	mit 2 weiteren Schritten Front wieder nach vorn (li, re) in die 2. Position, die Arme hochstrecken
		Aufgepaßt! Ein Takt (29—32) fehlt in der Musik!
		Wiederholung von Teil A^1.

Teil C^1

Takt		
I	1— 4	2. Position, langsam in ein tiefes Plié gehen und dabei beide Arme weit ausbreiten, Kopf senken
II	5— 8	1/4-Drehung des Oberkörpers nach li, Gewicht ins li Knie, den re Arm weit vorstrecken, Oberkörper mit vorneigen, den li Arm auf dem Rücken
III +IV	9—16	Front langsam wieder nach vorn drehen und dabei den re Arm über dem Kopf nach re außen führen und hinter den Rücken legen
V	17—20	1/4-Drehung des Oberkörpers nach re, Gewicht ins re Knie und den li Arm waagerecht vorstrecken, Oberkörper vorneigen

VI	21—24	die Front wieder nach vorn drehen, 2. Position, dabei den li Arm (die Handfläche führt) bis zur Seite nach li führen, den re Arm auf 24 auch zur Seite führen
VII	25—28	in der 2. Position, Plié, beide Hände (Handflächen nach vorn) vor dem Gesicht zusammenführen, Ellenbogen zeigen nach unten, die Arme langsam nach oben strecken
VIII	29—32	die Beine strecken und die Arme weit ausbreiten, dann seitlich senken.

Teil C[2]

Takt		
I +II	1— 8	in der 2. Position langsam in ein tiefes Plié gehen, dazu die Arme erst seitlich ausbreiten, dann nach vorn führen, bis sich die Hände berühren, Contraction, Kopf senken
III	9—12	im Plié einen kleinen Sprung nach li, dabei kreuzt re hinter li und beide Arme umschlingen den Körper (re vorn, li über Rücken)
IV	13—16	wie 9—12 nach re
V	17—20	eine ganze Drehung über li mit 4 Schritten, in die 2. Position (20), die Front ist wieder vorn
VI	21—24	in der 2. Position sich auf Ballen heben, Arme hochstrecken.
		Wiederholung von Teil A[1].

Abb. 42

Teil A²

Takt

I	1— 4	in der 2. Position das Gewicht nach re im Seit-Kreuz-Seitschritt (re, li, **re**)
II	5— 8	Seit-Kreuz-Seitschritt nach li (li, re, **li**)
III	9—12	über li eine große Kurve beschreiben, sehr dynamisch (re, li, **re**)
IV + V	13—20	die Kurve weiterführen mit je 3 Schritten (kurz-kurz-lang, kurz-kurz-lang, kurz-kurz-lang)
VI	21—24	Front wieder nach vorn, in der 2. Position sich auf die Ballen heben und die Arme diagonal weit nach oben ausbreiten *(Abb. 42).*

7.11 Eine Möglichkeit des Kombinierens und Variierens nach Anregungen von Ela Klindt

Eine bestimmte Musik wurde bewußt nicht angegeben. Veränderungen sind möglich, die folgende Tanzgestaltung der jeweiligen Musik anzupassen.

Teil 1

Teil A

Takt

I	1— 4	Blockaufstellung, 1. Position *(Abb. 43 und 44),* aufrechter Stand, Kopf hängen lassen
II	5— 8	Kopf anheben
III	9—12	in die 2. Position, Verlagerung nach re, li Bein gestreckt, re Handrücken vor dem Gesicht *(Abb. 45),* den re Arm in die Waagerechte strecken, auf ,,4" knipsen
IV	13—16	Wiederholung von 9—12 in der Gegenrichtung
V	17—20	$^1/_4$-Drehung über li *(Abb. 46)*, beide Arme nach unten strecken, Handflächen zeigen nach vorne, Release, *(Abb. 47a)*
VI	21—24	Arme nach vorne ziehen, Handrücken zueinander, Gewicht nach hinten verlagern, Contraction *(Abb. 47b)*
VII	25—28	diagonal nach re gehen mit gestreckten Armen und Schulterkreisen rw, auf ,,4" Front nach vorne in die 1. Position
VIII	29—32	Wiederholung von 25—28 gegengleich.

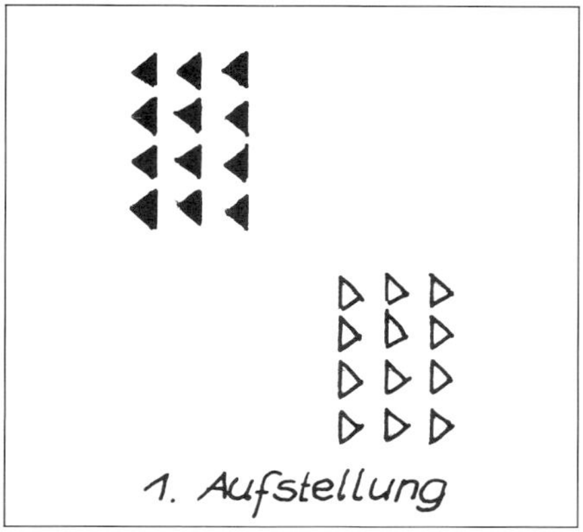

Abb. 43

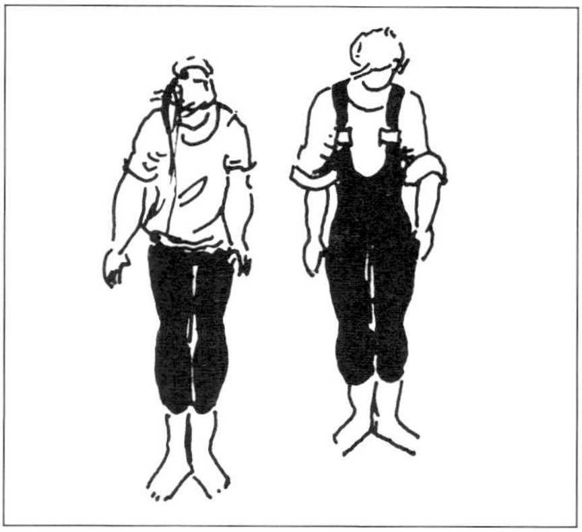

Abb. 44

Abb. 45

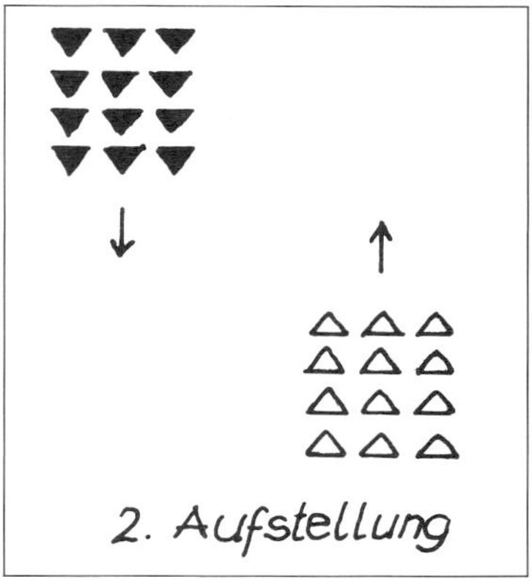

Abb. 46

Abb. 47a

Abb. 47b

Teil B

Takt		
I—II	1— 8	8 Kreuzschritte vw, Arme siehe *Abb. 48*
III	9—12	1/4-Drehung über li *(Abb. 49)* und 2 Nachstellschritte mit Hüfteinsatz nach re, re Arm zeigt in die Bewegungsrichtung und der li Arm nach vorne *(Abb. 50a)*
IV—V	13—20	4 Cat Steps vw, Arme siehe *Abb. 51*
VI	21—24	2 Nachstellschritte nach re mit Hüfteinsatz *(Abb. 50b)*
VII	25—28	3/4-Drehung über re in die 2. Position, die Arme diagonal in Seithochhalte *(Abb. 51)*

Abb. 48

Abb. 49

Abb. 50a

Abb. 50b

VIII 29—32 Verharren.
Auflösung der beiden Blöcke mit 16 raumgreifenden Schritten zu 2 oder 3 Kreisen.

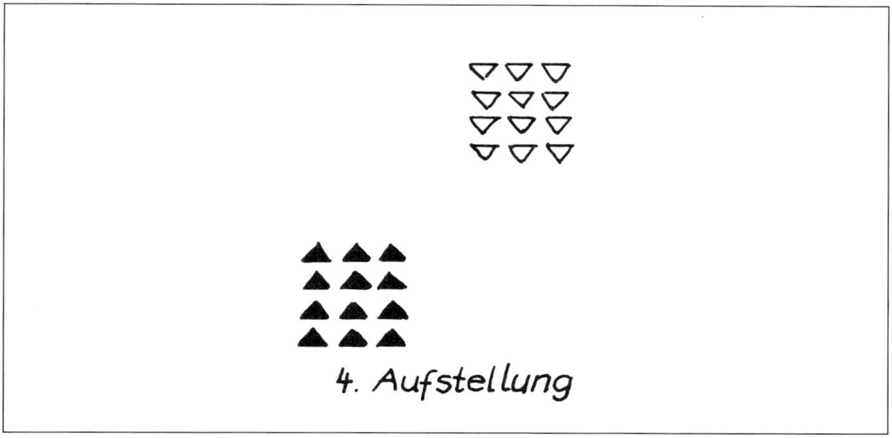

Abb. 51

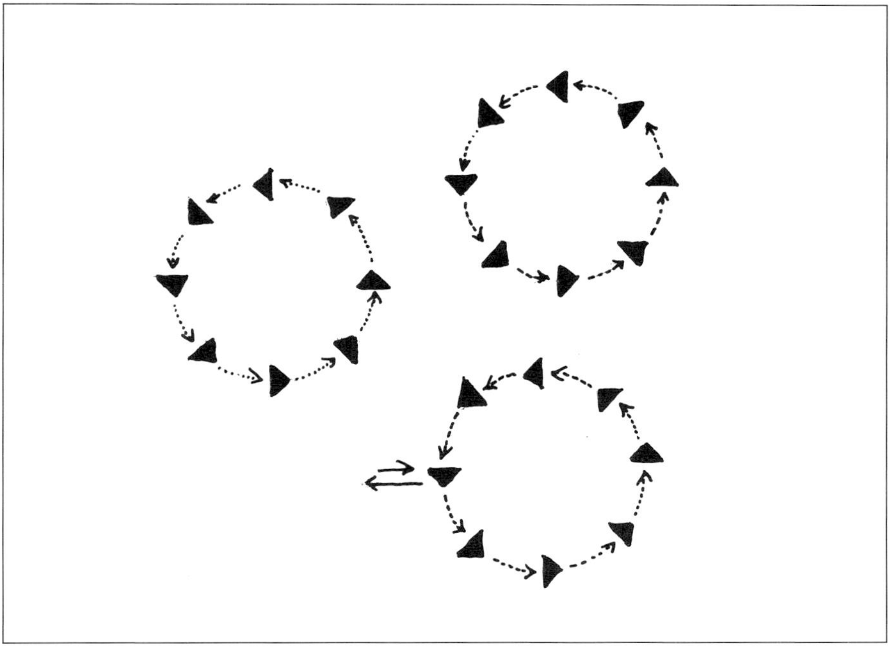

Abb. 52

Teil 2

Kreisaufstellung *(Abb. 52)*

Teil A

Ausgangsposition: li Schulter zeigt zur Kreismitte, 1. Position, Ellenbogen in Schulterhöhe, Unterarme im rechten Winkel nach unten.

Takt

I 1 1 Seitschritt nach re, re Unterarm senkrecht aufwärts stellen

2 li an re, li Unterarm senkrecht aufwärts stellen

3 wie 1, doch re Unterarm klappt senkrecht abwärts

4 wie 2, doch li Unterarm klappt senkrecht abwärts

II 5 1. Position, Plié, re Fuß tippt nach vorne *(Abb. 53)*

6 re Bein gestreckt nach re tippen

7 kleiner Sprung auf re, li Bein zur Seite strecken *(Abb. 54)*

Abb. 53

Abb. 54

8 kleiner Sprung auf li, re Bein zur Seite strecken

III 9—10 Kick-Ball-Change mit re

11 kleiner Schritt nach re

12 kleiner Schritt nach li

IV 13 Oberkörper nach vorne beugen, Handspitzen berühren den Boden vor den Füßen

	14	Sprung zur 1. Position, mit den Fingern knipsen
	15—16	Kick-Ball-Change
V	17—18	re kreuzt über li, ganze Drehung über li auf dem Ballen
	19—20	Kick-Ball-Change
VI	21—24	ganze Drehung im Plié über li auf dem Ballen mit gestrecktem re Bein
VII	25—28	4 Schritte vw, mit re beginnen
VIII	29	seitl. Sprung, li Bein gestreckt, mit re landen
	30	li kreuzt über re
	31—32	1 Wechselschritt nach re.

Teil B

Takt		
I	1— 2	2 Schritte auf dem Ballen auf der Stelle (li, re)
	3— 4	2 Schritte auf den Fersen auf der Stelle (li, re)
II	5— 6	wie 1—2
	7	1 Schritt auf li
	8	Brush seitlich mit re
III—VIII	9—32	Auflösung der Kreise mit unterschiedlichen Schritten zu einem Block.

Teil 3

Teil A

Takt		
I	1— 4	2 Schritte vw, 1 Sambaschritt (re, li, re, li, re)
II	5— 8	wie 1—4, aber gegengleich
III—IV	9—16	2 Nachstellschritte nach re, re Arm zeigt in die Bewegungsrichtung, der li Arm zeigt nach vorne — 1 Wechselsprung nach li, mit den Armen einen Kreis von außen nach innen führen, re hinter li setzen, Gewicht auf li verlagern, der li Arm zeigt diagonal nach oben, der re Arm hängt locker herab *(Abb. 55)*
V	17—20	3 Schritte vw, auf „4“ li Knie hochziehen, mit den Händen umfassen, Kopf zum Knie, Contraction
VI	21—24	wie 17—20 — aber gegengleich
VII	25	1. Position, hochfedern
	26	verharren
	27	senken
	28	verharren

Abb. 55

Abb. 56

VIII 29 Verwringung nach re mit Knipsen

30 Verwringung nach li mit Knipsen *(Abb. 56)*

31—32 federnd $^{1}/_{2}$-Drehung über re.

Teil B

Takt

I 1— 4 3 Schritte vw, auf „4“ mit li Hand neben re Fuß auf den Boden klopfen

II 5— 8 wie 1—4, aber gegengleich

III 9—10 2 Schritte vw (re, li)

11 re Bein tippt nach vorne, re Arm nach hinten führen, li Arm zeigt weit nach vorne

12 re Bein tippt nach hinten, re Arm nach vorne führen, li Arm nach hinten

IV 13—14 2 Schritte vw (re, li)

15 Schlußsprung, Hände klopfen auf die Oberschenkel

16 Landung, Arme in Seithochhalte

17 re Fuß mit Gewicht nach re setzen

18 re Arm diagonal nach oben strecken und einmal knipsen

19—20 $^{1}/_{4}$-Drehung über li, das Gewicht in das li Bein verlagern, re Knie hochziehen und mit der re Hand leicht auf den re Oberschenkel klopfen *(Abb. 57)*

Abb. 57

Abb. 58

VI	21—24	mit re 1 Schritt zur Seite, li hinter re setzen, mit re wieder 1 Schritt zur Seite, mit li Brush
VII	25—28	mit li 1 Schritt zur Seite, re hinter li setzen, mit li wieder 1 Schritt zur Seite, re Knie mit $^{1}/_{4}$-Drehung über li anheben
VIII	29	re hinter li setzen und den li Arm in die Höhe strecken
	30	mit li 1 Schritt vw
	31—32	Fall auf das re Knie und gleichzeitig li Arm zur Seite und den re Arm nach vorne strecken *(Abb. 58).*

Anmerkungen

(1) SEYBOLD, A.: Didaktische Prinzipien der Leibeserziehung. Hofmann: Schorndorf 1972, S. 101.
(2) FISCHER-MÜNSTERMANN, U.: Von der Jazzgymnastik zum Jazztanz. Pohl: Celle 1975, S. 10.
(3) SEYBOLD, A.: a. a. O., S. 102.
(4) KRAMER-LAUFF, D.: Tanzdidaktik. Hofmann: Schorndorf 1978, S. 28.
(5) VENT, H./DREFKE, H.: Gymnastik/Tanz. Sport-Sekundarstufe II. Düsseldorf 1982, S. 11.
(6) RÖTHIG, P.: Sportwissenschaftliches Lexikon. Hofmann: Schorndorf 1973, S. 261.
(7) HASELBACH, B.: Tanzerziehung. Klett: Stuttgart 1971, S. 13.
(8) FISCHER-MÜNSTERMANN, U.: a. a. O., S. 10.
(9) SEYBOLD, A.: a. a. O., S. 124.
(10) FRITSCH, U.: Tanzen — auch im Sportunterricht. In: Sportpädagogik (1981), 4, S. 8ff.
(11) KLINDT, E.: Tanzen heute — Versuch einer Begründung. In: Beiträge zur Lehrerfortbildung im Sport. Hofmann: Schorndorf 1970, S. 193—195.
(12) GÜNTHER, H./GRIMMER, M.: Theorie und Praxis des Jazz Dance. Stuttgart 1975, S. 65.
(13) KLINDT, E.: a. a. O.: S. 194.
(14) KLINDT, E.: Tanzen in der Schule. Hofmann: Schorndorf 1970.
(15) VENT, H./DREFKE, H.: a. a. O.: S. 10/11.
(16) FISCHER-MÜNSTERMANN, U.: a. a. O.: S. 10.
(17) FISCHER-MÜNSTERMANN, U.: a. a. O.: S. 19.
(18) SCHABERT, K.: Jazz Dance. BLV: München 1983.
(19, 20) Nach Manuskripten von Ela KLINDT.
(21) KLINDT, E.: Lehrbogen 241. Kallmeyer: Wolfenbüttel.
(22) Nach Manuskript von Ela KLINDT.
(23) KLINDT, E.: Lehrbogen 254. Kallmeyer: Wolfenbüttel.
(24) KLINDT, E.: Lehrbogen 323. Kallmeyer: Wolfenbüttel.
(25—28) Nach Manuskripten von Ela KLINDT.

Quellennachweis:

Lehrbögen Nr. 241, 254 und 323 (herausgegeben von Prof. Häusler).
Waage Verlag GmbH, 3016 Seelze-Velber.

Anschriften der Verfasserinnen:

Ursula Guse
Liebermannstraße 27
2000 Hamburg 52

Inge Otto
Moorweg 38
2071 Hoisdorf

Schriftenreihe zur Praxis der Leibeserziehung und des Sports

1 Koch, **Bewegungsschulung an Gerätebahnen,** 7. Auflage

2 Koch, **Springen und Überschlagen — Hechten und Rollen am Absprungtrampolin,** 5. Auflage

3 Mielke, **Schwimmenlernen — erproben und üben,** 7. Auflage

4 Koch / Timmermann, **Klettern und Steigen — Schwingen und Springen am Stufenbarren,** 5. Auflage

5 Koch / Timmermann, **Vom Steigen und Balancieren zum Turnen am Schwebebalken,** 4. Auflage

6 Meusel, **Vom Purzelbaum zum Salto,** 5. Auflage

7 Braecklein, **Wasserspringen — lernen — üben — leisten,** 4. Auflage

8 Koch, **Vom Bockspringen zu den Längssprüngen,** 6. Auflage

9 Koch, **Methodische Übungsreihen in der Leichtathletik,** Teil I, 9. Auflage

10 Meusel, **Vom Schaukeln und Schwingen zu Schwungstemmen und Umschwüngen,** 4. Aufl.

11 Kirsch / Koch, **Methodische Übungsreihen in der Leichtathletik,** Teil II, 6. Auflage

12 Stöcker, **Schulspiel Basketball — Vom Spielen zum Spiel,** 7. Auflage

13 Koch, **Grundschulturnen an Geräten,** 8. Aufl.

14 Dürrwächter, **Volleyball — spielend lernen — spielend üben,** 8. Auflage

15 Ungerer, **Leistungs- und Belastungsfähigkeit im Kindes- und Jugendalter,** 4. Auflage

16 Koch, **Konditionsschulung für die Jugend,** 5. Auflage

17 Timmermann, **Leistungsturnen am hohen Stufenbarren** (vergriffen — keine Neuauflage)

18 Koch, **Leisten — Formen — Gestalten.** Ein Bildband unter methodischem Aspekt

19 Balz, **Vom Klassenwettkampf zum Stadionfest** (vergriffen — keine Neuauflage)

20 Wiemann, **Vom Kippen zum Überschlagen — Vom Schwingen zum Felgen,** 4. Auflage

21 Koch / Mielke, **Die Gestaltung des Unterrichts in der Leibeserziehung,** Teil I, 5. Auflage

22 Dietrich, **Fußball — spielgemäß lernen — spielgemäß üben,** 6. Auflage

23 Koch, **Laufen, Springen, Werfen in der Grundschule,** 5. Auflage

24 Bernhard, **Sprungtraining,** 3. Auflage

25 Wein, **Hockey, lernen und lehren,** 3. Auflage

26 Koch, **Kleine Sportspiele,** 6. Auflage

27 Tschiene, **Stoß- und Wurftraining,** 3. Auflage

28 Räupke / Koch, **Vom Klettern und Klimmen zum Turnen an den Ringen,** 2. Auflage

29 Söll / Koch, **Übungsmodelle für alle Altersstufen,** 4. Auflage

30 Dassel / Haag, **Circuit-Training in der Schule,** 5. Auflage

31 Braecklein, **Methodische Übungsreihen im Schwimmen,** 6. Auflage

32 Käsler, **Handball — Vom Erlernen zum wettkampfmäßigen Spiel,** 5. Auflage

33 Kruber, **Leichtathletik in der Halle,** 6. Auflage

34 Friedrich / Gattermann, **Jugendgemäße Ski-Grundausbildung** (vergriffen — keine Neuauflage)

35 Kerkmann, **Wir spielen in der Grundschule,** 5. Auflage

36 Blumenthal, **Vorschulturnen an Geräten,** 4. Auflage

37 Kretschmer, **Grundlagen und Methoden zur Intensivierung des Unterrichts im Gerätturnen,** 2. Auflage

38 Heinrich, **Spielerische Wassergewöhnung im Anfänger-Schwimmunterricht,** 4. Auflage

39 Kiphard, **Bewegungs- und Koordinationsschwächen im Grundschulalter,** 4. Auflage

40 Jonath / Kirsch / Schmidt, **Lauftraining,** 3. Auflage

41 Neumann, **Basketball-Grundschule** (vergriffen — keine Neuauflage)

42 Timmermann, **Bodenturnen der weiblichen Jugend,** 3. Auflage

43 Klindt, **Tanzen in der Schule,** 4. Auflage

44 Dieckert / Koch, **Methodische Übungsreihen im Gerätturnen,** 6. Auflage

45 Koch / Söll, **Stundenmodelle für alle Altersstufen,** 4. Auflage

46 Kreidler, **Konditionsschulung durch Spiele,** 5. Auflage

47 Eberhardt-Matz, **Schüler lernen Schifahren,** in deutscher und englischer Sprache

48 Nattkämper, **Gymnastik für Jungen**

49 Lautwein, **Der Sportunterricht im 1. Schuljahr,** 4. Auflage

50 Ueberle, **Trainingsleitung und Mannschaftsführung in den Sportspielen** (vergriffen — keine Neuauflage)

51 Beyer, **Sportliches Wasserspringen,** Teil I, 2. Auflage

52 Schulz, **Methodik des Trampolinspringens,** Teil I, 3. Auflage

53 Recla, **Methodische Übungsreihen im Schilauf**

54 Schmidt, **Eine Klasse treibt Wintersport**

55 Recla, **Leistungssport im Jugendalter**

56 Engel / Küpper, **Gymnastik, Finden · Üben · Variieren · Gestalten,** 4. Auflage

57 Heiß, **Unfallverhütung und Nothilfe beim Sport,** 2. Auflage

58 Timmermann, **Leistungsturnen am Schwebebalken** (vergriffen — keine Neuauflage)

59 Volkamer, **Experimente in der Sportpsychologie,** 2. Auflage

60 Oberbeck, **Mehrkampftraining**

61 Lukjanow / Falamejow, **Gewichtheben für Jugendliche** — Menchin, **Das Krafttraining des jugendlichen Turners**

62 Grosser, **Die Zweckgymnastik des Leichtathleten,** 3. Auflage

63 Schünemann, Did.-meth. Modelle I: **Einführung des Basketballspiels in einer Koedukationsklasse nach epochalem Unterrichtsprinzip** (vergriffen — keine Neuauflage)